LUCIA RIZZI

Spegnete la tv!

(1-15 anni)

Con il metodo ***Fate i bravi!***,
giochi e attività per fare del tempo in famiglia
un momento di sana e corretta educazione

Rizzoli

ISBN 978-88-17-04909-2

Prima edizione: giugno 2011

Illustrazioni nel testo di Giovanni Giorgi Pierfranceschi

SPEGNETE LA TV!

Introduzione

Cari lettori, ho pensato *Spegnete la tv!* come una sorta di corollario ai miei precedenti libri e ve ne spiego subito il motivo.

Al giorno d'oggi molti padri e molte madri – soprattutto le seconde, diciamocelo! – devono far fronte contemporaneamente sia al proprio impegno genitoriale sia ad altri impegni, che vanno dal lavorare per mantenere la famiglia al coltivare la coppia perché resti nel tempo realizzata e felice, dall'aiutare e accudire gli anziani (a cui sentono peraltro di dovere tutto) al mantenersi in forma, belli e aggiornati per essere sempre interessanti. Insomma, in ogni momento hanno tante cose per la mente, da fare e da mettere in cantiere. Ma non lamentiamoci (mi unisco a loro perché, come sa chi già mi conosce, io per prima sono iperattiva): questa è la vita, la nostra più bella avventura. Ed è anche la più bella avventura che stiamo offrendo ai nostri figli. Quindi... GIOCHIAMOCELA BENE!

Già, ho proprio detto "giochiamocela". Il gioco è fondamentale nella crescita in quanto permette al bambino non solo di imparare, ma anche di vivere felice. Questo perché gli comunica la sensazione di "essere capace" di fare qualcosa, offrendogli la certezza di regole chiare e la libertà di smettere e ricominciare quando lo desidera.

Il gioco e ogni attività del tempo libero in generale assumono però un valore più profondo se coinvolgono anche i genitori in prima persona perché così consentono di arricchire i legami familiari e di proseguire il lavoro educativo anche nei momenti ludici. E, soprattutto, ricordiamoci che per i figli – per i piccoli e, in modo diverso, per quelli più grandi e per gli adolescenti – noi genitori siamo "miti": siamo coloro che tutto sanno fare e tutto possono. Perciò, non deludiamoli apparendo loro delusi e rinunciatari, ma cominciamo nel gioco quotidiano a mostrarci creativi, entusiasti e felici.

Vi domanderete perché per questo libro io abbia scelto il titolo *Spegnete la tv!...* proprio io che, fra le altre cose, prendo parte da anni a una trasmissione televisiva. Ebbene, ho avuto modo di osservare che molti genitori – purtroppo spesso anche con bambini di meno di 1 anno di età – trovano comodo utilizzare la televisione come babysitter o, peggio ancora, come strumento per eliminare quello che loro vivono come un "problema": l'interferenza del bambino nella loro vita di adulti, quella vita che si sono costruiti a propria immagine e somiglianza e che li pone in una certa posizione nella società che frequentano.

Questo genere di utilizzo aliena i figli dai genitori e, soprattutto, impedisce loro di godere insieme di tanti momenti gioiosi di vita familiare, momenti fondamentali nella crescita di tutti. Perciò, cari genitori, prima di "mettere" i vostri figli davanti alla tv aspettate che abbiano l'età per apprezzare uno spettacolo, naturalmente scelto da voi e adatto a loro. Anche in quel momento, però, non allontanatevi: guardate lo spettacolo con loro e condividete tutte le emozioni.

Stavo cominciando con la mia solita strigliata, ma questo libro è dedicato ai giochi. E allora... giochiamo!

Nelle pagine che seguono troverete attività suddivise per fasce d'età (1-3 anni, 3-6 anni, 7-10 anni, 10-15 anni) e una serie di proposte per i compleanni e le feste comandate, Natale e Pasqua. Come vedete le fasce d'età sono leggermente sovrapposte perché bisogna tenere conto che ogni bambino ha i propri tempi anche nell'approccio al gioco. Rispettateli sempre e non preoccupatevi mai se vostro figlio si diverte con attività che in genere sono praticate da bambini un po' più piccoli. Arriverà anche per lui il momento di compiere altri passi, ma non dovrà essere forzato da voi. Del resto pure voi vi divertite a giocare con loro, nonostante la vostra "venerabile" età!

Per i giochi e le attività proposti in questo libro, non dovrete sborsare un centesimo (o solo pochissimi): ho previsto esclusivamente l'utilizzo di materiali poveri quasi sempre già presenti in casa, di oggetti di uso quotidiano che ogni famiglia già possiede e di tanta – quella sì – voglia di stare e di divertirsi insieme!

Aggiungo poi che, siccome il tempo libero che figli e genitori trascorrono insieme, giocando o impegnandosi in un'attività, è sempre un momento educativo e di crescita, per ogni proposta segnalo i comportamenti corretti che quel gioco/quella attività sono in grado di favorire. Così, madri e padri possono scegliere facilmente i giochi in base agli obiettivi che vogliono raggiungere.

E, prima di cominciare a giocare, vi consiglio di leggere queste brevi

ISTRUZIONI PER L'USO

1. Per la prima volta, leggete questo libro dall'inizio alla fine; non precipitatevi subito a scegliere un gioco.
2. Non scartate nessuna attività pensando: "Non ce la farò mai...".
3. Metabolizzatele nella vostra mente per qualche tempo.
4. Quando avete in programma di trascorrere una mattinata di sabato a casa, magari impegnati in alcune faccende come il bucato, riprendete in mano il libro.

5. Scegliete un gioco o un'attività che vi sembra semplice da realizzare con vostro figlio (o con i vostri figli).
6. Controllate di avere a disposizione tutto l'occorrente: ci metterete pochi minuti perché i materiali necessari per le varie proposte sono in genere disponibili in ogni casa.
7. Alla mattina del sabato, alzatevi qualche minuto prima e preparate il gioco.
8. Via! Con un sorriso e tanto entusiasmo.

Se riuscirete a impostare anche una sola attività nuova alla settimana, giocare diventerà una piacevole abitudine spontanea che riscuoterà sempre grande successo. Il venerdì sera potrete comunicare alla famiglia: "Per domani ho una bella sorpresa per voi, ragazzi!".

Buon gioco a tutti!

1

Giocare per scoprire (1-3 anni)

Il vostro magnifico bambino ha 1 anno, cammina (o lo farà nel giro di pochi mesi), si è reso ben conto di essere una persona distinta dalla mamma e dal papà e, infatti, si riconosce vagamente nelle fotografie di famiglia. Nel contempo ha un buon primo controllo delle proprie mani, afferra il nesso tra causa ed effetto (capisce che, se spinge il bicchiere, questo si rovescia... una bellissima conquista per lui!) e inizia a tentare di inserire il triangolo nel suo giochino di legno.

È in questa fase che il bambino comincia a imitare il genitore in ogni momento. Con il tempo lo sorprenderete mentre "parla" al finto telefono, simula i vostri gesti quando siete ai fornelli, tenta a suo modo di pettinarsi... E, meraviglia delle meraviglie, se prima sbatteva la bambola contro il tavolo, adesso la abbraccia come fate voi con lui, la imbocca porgendole il suo biscotto e, talvolta, la bacia prima di addormentarsi.

In questo capitolo vedremo come le attività e i giochi dei bambini sotto i 2, talvolta anche 3 anni, facciano parte del loro stesso vivere: camminare e raggiungere il divano, mettersi in bocca il cucchiaio, portare il bicchiere alle labbra, raccogliere il pezzetto di carta da terra sono tutti bellissimi giochi. Lasciare al bambino spazio e tempo per ripetere queste attività è importante perché non solo lo divertono, ma ne accrescono l'autostima: "Io sono capace!".

A partire dai 15 mesi il bambino si affeziona a un oggetto – come la bambola, l'orsetto di peluche, la copertina, persino la "nanna" che da sempre usa nel suo lettino (cfr. *Fate i bravi! (0-3 anni)*, p. 22) – e non vorrebbe mai separarsene. Proprio questo oggetto potrà essere compagno e complice di giochi che voi genitori inventerete con il vostro piccolo in tanti momenti felici. Per esempio i...

Giochi con l'orsetto

Utilizzando l'orsetto preferito (o la bambola, la "nanna" ecc.), si può facilmente indurre il bambino a compiere gesti importanti nella vita quotidiana. Con questo stratagemma, infatti, il piccolo si sente tranquillo nell'emulare il proprio orsetto e ha la sensazione di poter e saper fare quello che voi gli proponete.

Interpretate con la voce dell'orsetto le vostre emozioni e quelle del bambino, ma fatelo sempre gioiosamente e con parole molto semplici che andranno così ad arricchire il suo vocabolario.

Fate inoltre in modo che, dalla vostra conversazione con l'orsetto, il piccolo intuisca che quel che gli viene chiesto è gradevole e molto interessante. E, soprattutto, che è lui a scegliere di fare cose che gli appaiono interessanti e gradevoli.

L'orsetto si lava le mani

Se dovete invitare il vostro bambino a lavarsi le mani, prendete il suo orsetto e fategli dire: "Io vado di gran corsa a lavarmi le mani perché sento che dalla cucina esce un profumino delizioso". Poi sparite dalla sua vista. Il bambino vi chiamerà, addirittura griderà per chiedere di lavarsi le mani anche lui.

L'orsetto gioca con la palla

A partire dai 10 mesi il bambino incomincia a interagire con voi giocando a palla. Lo diverte molto vederla rotolare ed è in grado di rilanciarvela. Sedetevi per terra di fronte a lui. Prendete l'orsetto e utilizzatelo per spingere la palla verso il bambino. In alternativa potete utilizzare l'orsetto per una partita "a tre". Se il bambino ha anche altri animaletti di peluche, potete inserirli nel gioco, magari coinvolgendo pure il papà, se è in casa. Attenzione, non proponete questo gioco all'ora della nanna perché è molto probabile che il bambino non voglia più smettere!

E adesso l'orsetto va a nanna

Con la cameretta già in penombra (potete lasciare accesa la sola lucina da notte o la lampada in corridoio), mettete tutti i peluche nel lettino insieme con il bambino e dite: "Come dorme il gattino? Chiude gli occhi, si lecca i baffi e si raggomitola. Fammi vedere tu come fa".

"E come dorme l'orsetto? Anche lui chiude gli occhi, si sdraia a pancia sotto e con una zampina si gratta l'orecchio dove l'ha punto l'ape a cui ha rubato il miele..."

"E come dorme il cane? Si accuccia sulle zampe e si tiene il suo osso vicino alla bocca, come fai tu con il ciuccio..."

Insomma, inventatevi animali e storielle sul loro sonno. Vedrete che anche il vostro piccolino chiuderà serenamente gli occhi.

L'orsetto ordinato

Quando volete che il vostro bambino riordini le costruzioni, prendete di nuovo l'orsetto e, mentre iniziate a riporre i cubetti a uno a uno mettendoli prima nella zampina dell'orsetto, fategli dire: "Ecco qua, adesso conto quanti riesco a buttarne nella scatola. Sono un campione!". Il bambino si precipiterà a mettere a posto più cubetti che può. Voi naturalmente ditegli subito che è bravissimo.

L'orsetto forzuto

Quando dovete uscire ma il vostro bambino non vuole saperne, mettete l'orsetto sul passeggino, avviatevi e dite: "Adesso tu, orsetto, mi aiuti a schiacciare il bottone dell'ascensore che è così duro". Non farete in tempo ad aprire la porta che il vostro piccolo sarà arrivato di corsa.

L'orsetto e i suoi amici

L'orsetto è il peluche preferito del vostro bambino e non se ne separa mai, ma sicuramente in una cesta, o accanto al lettino, ci sono tanti altri animali. Potete prendere l'orsetto e fargli dire: "Andiamo a giocare con i miei amici. Io li chiamo, tu vai a prenderli e me li fai salutare!". Il bambino si sentirà utile e si divertirà nel momento del saluto tra gli animaletti, ma allo stesso tempo sarà un gioco utile per

insegnargli i nomi degli animali e una basilare regola del comportamento come il saluto.
Con l'andare del tempo, potete rendere un po' più "complesse" le scenette, scandendo semplici frasi e mimandole a gesti. Per esempio potete dire: "Oh, buongiorno signor Coniglio, come sta? È tanto tempo che non ci vediamo...", oppure "Ciao Leone, sto andando a fare la spesa, vuoi venire con me? Anche la signora Palla vuol venire a giocare con noi".
I bambini amano molto sentire che i loro giochi "parlano" come se fossero animati. Verso i 3/4 anni, probabilmente, saranno loro stessi a farglielo fare, dimostrandovi quanto le vostre interpretazioni siano servite ad accrescere la loro proprietà di linguaggio e il loro vocabolario!

L'orsetto segue le istruzioni

Un gioco da iniziare in un momento di calma, magari seduti sul divano con il vostro bambino in braccio. Prendete l'orsetto e fategli fare dei movimenti in base alle parole che pronunciate. Per esempio "Salta... salta... salta... stop!", e allo "stop" fermerete l'orsetto; "Piegati... piegati... piegati... su!", e al "su" l'orsetto si raddrizzerà in piedi. Il bambino vorrà subito imitarlo o dare lui gli ordini all'orsetto. In entrambi i casi è un gioco utile per imparare ad ascoltare e scandire i tempi.

Già all'età di 1 anno il bambino scopre il mondo anche attraverso il tatto e la manipolazione diventa presto una sua passione. Toccare materiali diversi, sperimentare la loro consistenza e possibilità di trasformazione è una delle più affascinanti scoperte che il vostro piccolo possa compiere, e anche un mezzo con il quale esprimerà i suoi stati d'animo, oltre ad acquisire un maggior controllo delle mani. Tutto questo rende possibili gli entusiasmanti

Giochi con le mani 

Accompagnate il vostro bambino con gioia nell'avventura della manipolazione, senza preoccuparvi se in questo percorso si potrà sporcare la maglietta o dovrete riordinare la cucina! Il piccolo sarà felice, avrà compiuto un passo in avanti nella conoscenza del mondo che lo circonda e, soprattutto, lo avrà fatto con voi. Scoprirete poi che più il bambino acquisirà disinvoltura nel fare, meno si sporcherà e meno pasticci combinerà. E, prima ancora di manipolare, invitatelo a toccare!

Giochiamo a toccare

Il bambino di 1-2 anni adora toccare. Il gioco più semplice e valido per aiutarlo a rendersi conto di che co-

sa sta toccando, e nello stesso tempo per potenziare il vocabolario, consiste nel richiamare la sua attenzione con questa simpatica attività che può anche rivelarsi utile come riempitivo quando bisogna aspettare per cinque-dieci minuti, per esempio in coda al supermercato o in attesa di una visita dal pediatra.
Canticchiate così: "Tocco qua, tocco là... Tocco il cuscino se mi va!". Nello stesso momento vi dirigete verso il cuscino e lo toccate ben bene dicendo: "È morbido". Poi potete proseguire "Tocco qua, tocco là... Tocco il pavimento se mi va!", e giù con le mani sul pavimento "È freddo e duro"; e ancora "Tocco qua, tocco là... Tocco la sedia se mi va!", e via alla sedia "È liscia".
Potete proporre questo gioco anche ai giardinetti, toccando i sassi, la terra, i tronchi degli alberi, il prato, lo scivolo, l'acqua della fontanella.
Quando il bambino avrà quasi 3 anni, potrete invitarlo a fare a gara a chi arriva per primo a toccare. In questo gioco si può persino inserire una regola: le cose che sono più in alto della manina non si toccano mai!

Giocare con la farina gialla

Mettete davanti al vostro bambino una serie di contenitori di diverse forme e dimensioni. Riempite un barattolo di farina gialla e invitate il vostro piccolo a versarla da un contenitore all'altro. Non vorrà più smettere! Lo stesso gioco può essere fatto anche con la pastina o con i maccheroncini.

Un piccolo artista

Intorno ai 18 mesi il bambino comincia a fare scarabocchi con matite o pennarelli lavabili. Non riesce ancora a controllare il movimento della mano e colpisce il foglio con forza. Intorno ai 2 anni capisce che c'è un rapporto tra i suoi movimenti e i segni ottenuti e traccia preferibilmente linee e cerchi. A volte cerca di copiare la riga diritta che gli avete mostrato voi. In questa fase, invitatelo a disegnare, ma lasciatelo sempre libero di provare senza insegnargli né suggerirgli niente.

Inoltre potete stimolarlo con le tempere da usare con le dita (si divertirà moltissimo a fare le impronte delle mani e dei piedi) e con i timbri (meglio se creati da voi tagliando una patata o una spugna).

Verso i 3 anni il bambino comincia ad attribuire un significato al suo disegno. Lasciate che sia sempre lui a spiegarvelo solo se ne ha voglia; soprattutto non giudicate mai negativamente, ma neanche in modo irragionevolmente positivo, quello che ha prodotto: non bisogna mai pensare di essere a una seduta psicoanalitica, mentre è indispensabile che il bambino sia libero di esprimersi al di fuori di ogni modello precostituito, di ogni suggerimento, di ogni indicazione dell'adulto.

I primi collage

Per iniziare il vostro bambino al collage, potete munirlo di uno stick di colla e di un foglio di cartoncino (va benissimo anche il coperchio di una scatola: così avrete già la cornice!). A questo punto, dopo avergli insegnato a ricoprirlo di colla, dategli delle figure colorate che avrete ritagliato dalle riviste e lasciate che appiccichi a volontà. Si divertirà un mondo, soprattutto se voi lo incoraggerete con le vostre osservazioni: "Che bel colore hai messo in alto!", "A me piace molto quel cappello verde", "Quel piatto di spaghetti sembra quello che mangia papà". Lasciate che lavori liberamente: è tutto esercizio.

Viva la musica

Procuratevi un certo numero di bottiglie di plastica di diverse dimensioni e vari tipi di pasta, legumi e cereali con cui il vostro bambino le riempirà. Vostro figlio scoprirà presto che scuotendole, battendole con un cucchiaio di legno o facendole rotolare produrranno suoni diversi (ricordatevi di chiudere bene il tappo e sigillarlo con del nastro adesivo per evitare una possibile ingestione del contenuto). Per rendere ancora più interessanti queste bottiglie potrete "addobbarle" con fantasia: alcuni post-it da attaccare e staccare – una vera passione per i bambini –, nodi da sciogliere, nastri su cui fisserete delle mollettine da staccare. Se porrete accanto alle bottiglie anche pentole, vecchi coperchi e un cucchiaio di legno, il concerto sarà degno di un vero musicista.

Tra i 12 e i 24 mesi il bambino acquisisce una notevole capacità di muoversi e la sua attenzione è principalmente dedicata al funzionamento e alle relazioni tra gli oggetti. È quindi il momento ideale per stimolarlo introducendo i

Giochi alla scoperta del mondo

Si tratta di giochi molto semplici che partono dagli oggetti che tutti abbiamo in casa e svelano al bambino conoscenze che l'adulto dà magari per scontate, ma che invece per i piccoli rappresentano importanti scoperte.

La cesta dei tesori

Fino ai 12 mesi potete far divertire il vostro bambino a mettere le manine nella cesta dei tesori: un semplice cestino o un sacchetto di tela in cui avrete inserito oggetti di uso domestico (cucchiai di varie dimensioni, pennelli da barba, mollette da bucato, sottopentole di paglia, campanelle, chiavi, astucci in pelle, gomitoli di lana, porta uova, conchiglie, pigne, castagne). Fra i 12 e i 24 mesi la cesta si arricchirà di contenitori, scatole, barattoli e diversi oggetti (tappi, nastri di vari materiali, palline, catenelle, chiavi, mollette, grosse conchiglie). In una prima fase, il gioco che i bambini preferiscono sarà quello di infilare, svuotare, lanciare, battere gli oggetti tra loro, portarli alla bocca. Voi starete vicino al vostro bambino, senza interferire nelle sue esplorazioni. Nel contempo, però, gli porrete delle domande che non solo gli facciano sentire la vostra presenza e la vostra attenzione a ciò che sta facendo, ma possano anche stimolare l'ascolto e il linguaggio, abituandolo a una continua comunicazione critica con l'adulto. Per esempio potete dire:

– "Che cosa hai trovato? Ma guarda che bella chiave grossa. Forse aprirà il portone dell'asilo. È anche pesante! La chiave della nostra porta è molto più piccola, così come quella della macchina".

– "Ma guarda che bella pallina! Prova a farla rotolare fino al divano. Rimbalza?"

Saranno sufficienti queste vostre poche parole perché il piccolo non abbandoni l'oggetto e continui a esplorarlo.
In una seconda fase il bambino tenderà, magari proprio su vostro suggerimento, ad allineare, impilare, selezionare, classificare, ordinare i contenuti in rapporto ai differenti contenitori, secondo schemi ripetitivi che gli conferiscono sicurezza. Quando vedete che incomincia a distrarsi, invitatelo a rimettere in ordine: è una delle abitudini più importanti da fare acquisire ai bambini.

Acqua magica

Se siete sulla spiaggia, ma anche se state facendogli il bagno nella vasca grande, date al vostro bambino alcuni oggetti galleggianti (pezzetti di legno, piccoli contenitori di plastica vuoti, barchette di carta, un'infradito di gomma) e altri no (un cucchiaino di metallo, dei sassi, una scatoletta piena di sabbia e chiusa col suo coperchio, la bottiglia piena di bagno schiuma). Lasciate che giochi sperimentando questa caratteristica. Una volta cosciente che alcune cose galleggiano e altre no, il bambino vi chiederà di provare con altri oggetti: una conchiglia, il bastoncino del gelato, gli occhiali da sole, il barattolo chiuso della crema solare, la bottiglietta di acqua minerale vuota... State solo attenti che non voglia provare anche con il vostro cellulare!

Accendo e spengo la luce

L'idea di poter dominare il buio – di cui parleremo anche più avanti – costituisce senza dubbio una grande attrattiva per il vostro bambino. Una delle sue prime soddisfazioni sarà allora quella di accendere e spegnere la luce. Lasciate che lo faccia più volte. È sempre bene non dettare i tempi dei momenti di scoperta: il bambino ha infatti bisogno di ripetere le esperienze per assimilarle e comprendere il funzionamento delle cose. Se a noi adulti può sembrare una perdita di tempo, per lui può essere invece un importante momento di apprendimento.

Un'alternativa all'interruttore può essere costituita da una piccola torcia con un semplice meccanismo di accensione con cui illuminare il muro: ne sarà sicuramente felice.

Verso i 3 anni nominate il bambino "controllore della luce" e, prima di cena, mandatelo a spegnere tutte le luci di casa non necessarie. Ne sarà orgoglioso.

Cade la torre

Conservate un certo numero di scatole di cartone (pasta, riso, tè) di varie dimensioni. Mettete il vostro bambino sul pavimento circondato da queste scatole e mostrategli come impilarle per costruire una torre. Quando la torre avrà raggiunto una certa altezza lasciate che vostro figlio la faccia cadere. Intorno ai 2 anni è un gioco importante per il bambino per capire che i suoi gesti provocano conseguenze. Vorrà ripetere questa attività più volte. Ricostruitela pazientemente insieme a lui, fino a quando il bambino non si stancherà del gioco.

Apri e chiudi

In questa fascia d'età il bambino adora aprire, chiudere e mettere le cose l'una dentro l'altra. Una serie di contenitori in plastica, di dimensioni diverse e inseribili uno nell'altro, come le bamboline russe, lo renderanno felice per una buona mezz'ora, soprattutto se all'interno della più piccola troverà il suo biscotto preferito per la merenda!

Ascolta... dove è andato?

Questa è un'attività per imparare ad ascoltare. Prendete in mano tre (o più) giochi del bambino

che facciano rumore (un sonaglino, una trombetta, una campanella...), mostrateglieli uno per volta e parlatene: "Che bella questa trombetta! Come suona bene. E questa campanella sembra quella della porta; senti un po'! Quando eri piccolo piccolo, usavi spesso questo sonaglino rosso...".
Poi dite al bambino di chiudere gli occhi, prendete in mano uno dei tre giochi, fatelo suonare e rimettetelo a terra accanto agli altri. A questo punto invitate il piccolo a riaprire gli occhi e a prendere in mano il gioco che "ha sentito". Naturalmente complimentatevi con lui per aver indovinato.
Se avete in casa una pianola o un pianoforte, potete incollare degli sticker colorati su tre o più tasti e far riconoscere al bambino i suoni. Vi meraviglierete di quanto orecchio abbia!
Ricordate però che "un bel gioco dura poco" e, anzi, a questa età pochissimo; perciò non deve MAI diventare una lezione né un momento di studio.

Le scatolette rumorose
Sempre per allenare l'ascolto, prendete tre scatolette di plastica non trasparenti e con il coperchio (per esempio quelle della mozzarella o del mascarpone). Inserite dentro ciascuna un oggetto o un tipo di oggetti: un cucchiaino di metallo, un fazzolettino di

carta, chicchi di riso, alcuni mattoncini di Lego. Chiudete tutte le scatoline con il coperchio e, scuotendole una per una, fate ascoltare al bambino i diversi rumori. Potete aiutarlo dicendo "rumore forte", "rumore debole" o "nessun rumore", poi fategli verificare che cosa c'è in ogni singola scatoletta. A questo punto, richiudete le scatole e chiedete al bambino di darvi, alternativamente, la scatola dal rumore forte, debole, nessuno. Vedrete che in un tempo brevissimo imparerà a cogliere le differenze fra rumori e capirà che quelli più forti danno fastidio.

Il mondo in un libro

Anche se molto piccolo, grazie ai libri il bambino impara a conoscere il mondo che lo circonda, venendo a contatto con situazioni, esperienze ed emozioni diverse. Inizialmente il libro è un oggetto da toccare, mettere in bocca, aprire e chiudere; poi, gradualmente, se voi illustrate e descrivete le immagini, diventa anche un oggetto da leggere. Grazie a voi, che lo terrete in braccio e avrete una voce tranquilla ed espressiva, vostro figlio entrerà in un mondo magico e vi chiederà di rileggere lo stesso libro più volte. È importante che usiate le parole del testo senza modificarle (il bambino adora risentirle e presto le saprà a memoria e vi correggerà se ne saltate qualcuna o inventate) e che aiutiate a seguire il racconto mediante le immagini da sinistra a destra e dall'alto al basso.

Fate in modo comunque che il piccolo continui a usare il libro anche da solo e lo sfogli in autonomia. Sarà però sempre utile che ne parliate insieme: stimolatelo con domande sul testo. Inoltre, fatevi vedere leggere e riservate in soggiorno un piccolo ripiano o portariviste proprio per i suoi libretti. Così avrà sempre a disposizione quei due o tre che gli piacciono di più, mentre tutti gli altri possono essere riposti in camera sua.

Un consiglio di Tata Lucia: proponete sempre al bambino libretti adatti alla sua età o anche a un anno meno. Così non farà fatica a comprendere e a ricordare la storia e la commenterà con maggior facilità e piacere. Questo vale anche per bambini più grandi: c'è tempo per affrontare *La Divina Commedia* in edizione integrale!

L'età dai 2 ai 3 anni (a volte anche oltre) è la fase dei capricci. Il bambino, infatti, non è ancora in grado di esprimere compiutamente le proprie emozioni e, quindi, usa il capriccio proprio perché è l'unico mezzo che ha a disposizione. Immaginatevi di dover chiedere qualcosa in un Paese di cui non conoscete la lingua; così è il vostro piccolino.

Allora cercate di prevenire i capricci offren
scelta tra due opzioni che vanno bene per voi e
in questo modo il bambino si sentirà più padro
la situazione. "Vuoi portare la palla o il triciclo?" Poi non portate lo stesso la palla se ha scelto il triciclo. Certo, potrebbe chiederla comunque perché vede un altro bambino che ci gioca, ma deve imparare che le scelte fatte implicano conseguenze e, crescendo, imparerà anche a condividere.

E se il capriccio scoppia lo stesso? Ignoratelo per quanto possibile (cfr. *Fate i bravi! (0-3 anni)*, pp. 129-134). Ci sono però molti giochi che possono essere d'aiuto. Come le

Scenette "scaccia-capricci"

Si tratta di scenette semplicissime che potete sempre improvvisare per risolvere la situazione; per realizzarle bastano solo la vostra prontezza di spirito e, soprattutto, la vostra capacità di calarvi nei panni del bambino che, come ho spesso ricordato, va sempre rispettato.

La telefonata

Se è ora di uscire ma il bambino non vuole saperne (per esempio, è a casa dei nonni dove ha giocato come un matto e non vuole tornare a casa perché sa che, subito dopo bagnetto e cena, andrà a letto), si può fingere, mettendosi vicino alla porta, di parlare al cellulare. Si può dire per esempio, con tono non polemico: "Sto solo aspettando che Giulio si vesta per uscire e andare a comprare i lecca lecca per la tombola che faremo sabato pomeriggio". *La finta telefonata, non critica ma positiva, è spesso un toccasana che offre al bambino una scappatoia onorevole al suo capriccio.*

La cena movimentata

Quando il bambino fa un capriccio perché gli è stata servita la minestra che non gli piace, magari urlando a squarciagola e buttandosi per terra, occorre certamente calmarlo mettendolo in time out (cfr. *Fate i bravi!*, pp. 191-197) e dicendogli che, una volta finito il capriccio, potrà tornare a tavola a mangiarne un solo cucchiaio e a prendersi poi le patatine fritte e il pollo che sono avanzati per lui. Nel frattempo, però, la cena deve continuare tranquillamente senza di lui. Anzi, per attirarlo, incominciate a elogiare le qualità di ciò che si trova sul tavolo, magari il colore o la forma particolare di una pietanza. Potreste anche inventare una storiella a voce alta, che abbia come protagonisti i bicchieri, la brocca dell'acqua, le forchette... Gli altri componenti della famiglia dovranno partecipare a questo "gioco", mostrandosi molto divertiti. *In questo modo non solo si dà l'impressione al bambino che, nonostante il suo capriccio, tutto vada avanti come se niente fosse, ma che anzi proprio lui sta perdendo un momento molto divertente di vita familiare.*

L'angolo del sonno

Se il bambino stenta a rispettare l'orario in cui andare a letto accusando una serie di problemi (tosse, mal di pancia, freddo, caldo...), subito dopo cena la mamma o il papà possono andare in camera con lui e giocare insieme a preparare il suo angolo del sonno. Il genitore accompagna il piccolo ad appoggiare acqua e camomilla sul comodino, lo aiuta ad aggiungere la coperta e ad aprire per cinque minuti la finestra per cambiare aria. Nel contempo è bene che ne faccia una cronaca positiva ad alta voce. Ai bambini piace sempre sentir dire che tutto sta andando per il meglio. (Non è così anche per noi grandi?) A questo punto il genitore può tornare in salotto, invitando il figlio a proseguire da solo nella preparazione e, appena avrà finito, a chiamarlo per la breve lettura della buonanotte. *In questo modo il bambino si tranquillizza per la collaborazione del genitore e per la sensazione di poter fare anche da solo.*

E nel caso in cui il capriccio "scoppi" in un luogo pubblico...

Basta un pizzico di magia

Se siete in giro (supermercato, ufficio pubblico...) e scoppia un capriccio, tenete presente che il vostro bambino vi sta solo comunicando un'insofferenza. In alcune occasioni ha tutte le ragioni per annoiarsi seduto sul passeggino in un luogo rumoroso in cui nessuno bada a lui. Non lo sgridate e cercate di non innervosirvi. Dedicategli due minuti, parlandogli con calma e facendolo interessare a qualcosa, per esempio:

L'oggetto magico

L'oggetto magico può essere un mazzo di chiavi, una piccola torcia, un vecchio portamonete, qualcosa insomma con cui distrarre il vostro bambino nei momenti di emergenza, rassicurandolo e lasciandogli capire che c'è qualcosa di meglio da fare che sdraiarsi per terra e urlare. È importantissimo che l'oggetto magico non sia MAI una gratificazione, cioè un dolce o un giocattolo comprato sul momento, perché altrimenti stimolerebbe il bambino a fare capricci per ottenere ciò che vuole.

Quindi, quando state per uscire con il passeggino, mettete in borsa l'oggetto magico, ma non datelo al

bambino senza una ragione o prima della crisi. Deve servire a voi, non a lui.
Se vedete che il vostro bambino incomincia a lamentarsi, interrompete per qualche minuto quello che stavate facendo, aprite la borsa con grande enfasi per cercare di suscitare la sua attenzione e tirate fuori l'oggetto magico, magnificandone le caratteristiche ("Guarda che belle queste chiavi: una è lunga, una è corta e possono suonare..."; "Guarda che luce fa questa torcia!"). Se il bambino è un po' più grande, le chiavi non saranno sufficienti a distrarlo: di sicuro effetto come oggetto davvero magico per occasioni molto speciali potrà essere un paio d'occhiali da sole che lo inviterete a indossare o un vecchio, vecchissimo telefonino conservato all'uopo e a cui sia stata tolta anche la batteria (mai il vostro cellulare o un altro attivo).

La borsa magica
Dai 2-3 anni si può dare modo al bambino di preparare la propria borsa magica. Prendete una borsa che possa essere comodamente attaccata alle maniglie del passeggino e invitate il piccolo a riempirla con gli oggetti che gli serviranno; potete cominciare voi con una bottiglietta d'acqua, i fazzoletti, la bambolina preferita o due macchinine... All'occorrenza,

possibilmente prima che "scoppi" il capriccio, la darete a vostro figlio.
La stessa borsa potrà essere utilizzata anche in altri momenti più piacevoli: i due dinosauri, per esempio, potranno essere messi sul prato "perché sono erbivori" (che parola importante da imparare a 3 anni!). E la borsa si potrà via via arricchire: quanti tesori si trovano in una passeggiatina ai giardinetti! Legnetti con cui il giorno dopo costruirete il recinto per gli animali della fattoria; sassi, foglie (facciamo la gara a chi la trova più grossa?)... Arrivati a casa, tutti questi "tesori naturali" possono restare nella borsa magica o trovare posto in una scatola sul balcone ed essere usati per giocare all'aperto oppure, in una giornata di pioggia, sopra un grosso telo di plastica o di carta di giornale, per creare meravigliosi paesaggi.

Lo stesso concetto della borsa magica può essere adottato per una serie di giochi da far fare al bambino in casa magari anche in momenti in cui non potete dedicargli una totale attenzione. Passiamo quindi a

Il baule magico (2-3 anni)

Concedetevi, genitori, qualche ora di tempo, magari affidando i bambini ai nonni, e preparate il baule magico (o il

cassetto prodigioso o lo scaffale segreto). Basterà che prendiate alcune scatole di scarpe o sacchetti di carta e mettiate in ciascuno di questi contenitori l'occorrente per un gioco. Poi chiudete le scatole e aggiungete un'etichetta con il nome e, se volete, lo scopo del gioco.
Ho specificato tra parentesi la fascia d'età perché questo baule continuerà a essere utile anche negli anni successivi, semplicemente aggiornando il contenuto delle scatole, come vi illustrerò nel prossimo capitolo.

Scatola n. 1 (2-3 anni) – Rompicapi che passione!
Scopo: aumenta l'attenzione al particolare.
Contenuto: sacchetti contenenti pezzi di puzzle.
Come si prepara e si usa: prendete pagine pubblicitarie di riviste che riproducano fotografie grandi (possibilmente di animali, giochi, oggetti conosciuti dai bambini) e fatene una fotocopia in bianco e nero. Dopo aver incollato l'originale su un cartoncino (si può utilizzare anche una scatola della pasta), tagliate queste figure in 3-8 pezzi più o meno grossi a seconda dell'età del bambino.
Raccogliete tutti i pezzi di ogni figura in un sacchetto insieme con la copia in bianco e nero piegata in quattro.
Invitate il bambino a ricomporre la figura e, nel contempo, parlate di tutto quello che sa su di essa. Per esempio, se è la fotografia di un cane: "Carlo ha un

cane, ma non è così, è nero", "Io vorrei un cane, ma piccolo", "Il cane abbaia"...

Scatola n. 2 (2-3 anni) – Colori, colori, colori

Scopo: imparare i colori.

Contenuto: – scampoli di tela o plastica 50 x 50 cm circa nei colori bianco, rosso, verde, giallo, blu (se non li si trova, si possono utilizzare anche tovaglioli di carta di misura grande).

– piccoli oggetti colorati negli stessi colori dei teli: bottoni, tappi di plastica, avanzi di lana, elastici, nastri, matite o pennarelli vecchi, macchinine giocattolo o altri pezzi di giocattoli colorati.

– qualche piccolo oggetto di colore "intruso".

Come si gioca: facendovi aiutare dal bambino, distendete i cinque scampoli e pronunciate insieme i nomi dei colori. Poi lasciate che il bambino estragga da solo gli oggetti dalla scatola per andare ad appoggiarli a uno a uno sullo scampolo dello stesso colore, pronunciandone il nome ogni volta. Alla fine contate insieme gli oggetti di ciascun colore e annunciate il colore vincitore (quello con più oggetti).

A cena potrete riprendere il gioco invitando il bambino a distribuire a tutti i membri della famiglia un cioccolatino o una caramella con la carta del colore "vincitore".

Per utilizzare al meglio questa scatola, bisogna sostituire ogni volta alcuni oggetti in modo che il colore "vincitore" sia sempre a sorpresa.

Se il bambino gioca mentre voi cucinate, dategli una foglia di basilico o un pomodorino da mettere nel posto giusto.

Naturalmente non dovete suggerire nel corso del gioco. Solo quando fate la verifica finale e vi accorgete che c'è qualche errore, invitate il bambino a controllare da solo. Potete aiutarlo esclusivamente pronunciando il nome del colore del telo in questione in modo che il bambino si concentri sugli oggetti che vi ha appoggiato sopra.

Con i bambini più piccoli iniziate con tre soli oggetti per colore e nessun "intruso". Gli "intrusi", infatti, possono essere introdotti successivamente per imparare nuovi colori.

Con questo gioco, se volete, potete anche insegnare al bambino i colori in inglese.

(Se non avete questa scatola sotto mano, potete sempre prendere il sacchetto delle mollette per stendere la biancheria e invitare il bambino a dividerle per colore.)

Scatola n. 3 (2-3 anni) – Oggi misuro io

Scopo: acquisire i primi concetti di dimensione.

Contenuto: coppie di oggetti (macchinine, bambole, peluche, cubetti per le costruzioni, palle, spazzole, vasetti per lo yogurt, spugne...) composte, per ciascuna tipologia, da un oggetto piccolo e da uno grande.

Come si gioca: invitate il bambino a dividere gli oggetti formando il gruppo dei grandi e quello dei piccoli. Poi potete suggerirgli di mettere tutti i grandi in fila dal più piccolo al più grande. Quando avrà terminato, gli chiederete di fare la stessa cosa con il gruppo dei piccoli.

A questo punto, potrete stimolare il bambino con alcune domande: "Quale fila è più lunga? Quale è più corta?". E ancora: "Quale oggetto è più alto? Quale è più basso? Ci sono due oggetti della stessa lunghezza? E della stessa altezza?".

Anche questo gioco può avere un seguito: raccogliete alcune scatole di cartone (della pasta, del riso, dei fazzoletti di carta, delle scarpe...). Quando ne avrete cinque o sei di diverse dimensioni, chiedete a vostro figlio di scegliere il garage giusto per ognuna delle sue macchinine oppure di trovare un letto adatto per ciascuna sua bambola o pupazzo. Anche questo è un modo di misurare e apre la strada a conversazioni divertenti e interessanti: "Ma come? La tua bambola dorme con i piedi fuori dal letto?", "Povero cagnolino, la sua coda non ci sta", "In questo garage c'è spazio anche per una bicicletta, non credi?"...

Verso i 3 anni il bambino comincia a rendersi conto del tempo e del suo valore. Fino a qualche mese prima, strillava se non eravate immediatamente pronti a dargli da bere; adesso accetta di attendere se gli dite: "Aspetta un attimo, mi asciugo le mani e ti prendo il bicchiere pulito dalla lavastoviglie". Questa capacità va allenata, ossia dovete aiutare il vostro bambino a comprendere che tutto avviene in un certo periodo di tempo e che è spesso proprio lui ad avere il controllo della situazione.

Siete al parco giochi ed è ora di tornare a casa ma il bambino non si vuole staccare dallo scivolo? Invece di trascinarlo via piangente, ditegli: "Hai ancora cinque giri da fare e poi si va a casa a mangiare la pizza" e contate con lui i giri.

In questi momenti fate sempre intravedere al bambino il rinforzo positivo che deriva dal comportamento corretto ("Andiamo a casa che papà sta arrivando e deve dirti un segreto"; "Prima di uscire ho preparato il succo di frutta che ti piace tanto"; "Facciamo una corsa fino a casa e chi arriva primo mangia il gelato").

In materia di gestione del tempo vi propongo un gioco utile per tutti, piccoli e grandi, che permette di evitare capricci e insegna a gestire il proprio tempo, creandosi spazi per le attività più gradite, senza dimenticare gli impegni scolastici (o professionali).

Il cartellone della giornata (e della settimana)

Oltre alla buona norma di tenere un calendario dove segnare gli eventi eccezionali (vacanze, compleanni che vanno sempre festeggiati con particolare cura...), consiglio di preparare insieme con il bambino un cartellone che gli scandisca la giornata o la settimana. Poi appendetelo nella cameretta o in un altro punto visibile della casa. Ovviamente questo cartellone cambierà secondo le età del bambino: a 3 anni ricorderà i momenti come quello della pappa o del pisolino, mentre più avanti riporterà impegni quotidiani, dal nuoto al catechismo. Prepararlo è comunque semplice. Create una striscia di carta unendo tre o quattro fogli da disegno.

Se il bambino ha più o meno 3 anni, fategli disegnare un sole all'inizio e una luna alla fine, annotandovi sotto gli orari di inizio e fine giornata. Dividete poi la striscia nelle parti principali della giornata del bambino (prima colazione, lavarsi e vestirsi, gioco libero a casa o all'asilo, pranzo, riposino, merenda, passeggiata e giochi all'aperto, gioco libero, bagnetto, cena, buonanotte), illustratele con un disegno

(latte e biscotti per la prima colazione, sapone e asciugamano per il momento di lavarsi al mattino...) o con una fotografia del bambino in quella fase della giornata e scrivete gli orari.
Nel comporre la giornata-tipo tenete sempre presente la regola "prima il dovere, poi il piacere": fate quindi in modo che, a ogni dovere del piccolino, segua quasi subito un piacere (per esempio, dopo il riordino dei giochi, si può inserire il momento per guardare i cartoni animati, per massimo mezz'ora al giorno).

In questa stessa fase i bambini incominciano a provare vari tipi di paure. La paura è un'emozione che fa parte della natura umana e che ci aiuta persino a prevenire situazioni pericolose. Il compito dei genitori è quello di insegnare ai bambini – a seconda delle diverse fasce di età – a gestire le proprie paure, sempre ascoltandoli e rispettando la loro emozione senza sminuirla anche quando, nella prospettiva di adulti, la considerano irrazionale. Uno degli strumenti più utili per aiutare vostro figlio a dominare questo sentimento è quello di raccontargli le fiabe classiche, nelle quali l'eroe sconfigge sempre il male senza tentennamenti arrivando così a un lieto fine. Per tranquillizzare un bambino nello specifico momento di paura si possono poi utilizzare le semplici

Storielle e attività “scaccia-paure”

Neanche queste storielle e attività richiedono una particolare preparazione; per imbastirle servono solo la vostra prontezza di spirito, un pizzico di fantasia e, soprattutto, la vostra capacità di immedesimarvi nel bambino.

Accendi e spegni il sogno

Quando il bambino non vuole andare a letto e prendere sonno perché dice di aver paura di fare brutti sogni (spesso però non è nemmeno così: “brutto sogno” è quasi sempre un’espressione che il bambino usa in queste situazioni perché la mamma per prima ha iniziato a utilizzarla per spiegargli il motivo del suo risveglio), è bene non chiedergli mai che cosa abbia sognato, ma dirgli che i sogni sono come i programmi televisivi. Per farglielo capire meglio, il genitore può portarlo per un istante davanti alla tv (questa volta sì, ma solo per un istante) e invitarlo ad accenderla e poi a spegnerla subito dopo. A questo punto, tornando a letto, la mamma o il papà spiegherà al bambino che può spegnere in qualsiasi momento il sogno che lo ha spaventato per cominciarne subito dopo un altro più bello e divertente. Anzi, possono cominciarlo subito e insieme: c’era una volta...

Questa semplice procedura tranquillizza il bambino perché lo fa sentire in grado di gestire i suoi pensieri.

I camion sull'autostrada del cielo

Ai bambini che hanno paura dei tuoni o di rumori improvvisi, si può raccontare che quel quel fragore è provocato da grossi nuvoloni lassù che, spinti dal vento, si scontrano come se fossero due grossi camion. Questo però avviene lontano lontano, nell'autostrada del cielo... In queste spiegazioni è sempre bene usare immagini concrete che il bambino conosce, ma fargliele apparire distanti dalla sua realtà del momento.

"Vorrei quel gioco, ma... è al buio!"

Il gioco che il bambino desidera si trova nella sua cameretta, ma la luce è spenta e vosro figlio vi chiede di accompagnarlo. Le prime volte lo accompagnerete, mostrandogli che non c'è alcun pericolo. Poi, per aiutarlo, potete introdurre questa semplicissima attività: invitatelo ad accendere e spegnere la luce più volte, in modo che capisca di poter essere padrone di questa situazione. Quando poi si sentirà capace di accendere e spegnere la luce da solo, non lo dovrete più accompagnare.
Ho conosciuto bambini di 3 anni che, dopo questo semplice gioco, si alzavano da soli in piena notte e al buio (o magari con la sola lucina da notte accesa,

giusto per non inciampare) per andare a fare la pipì; poi tornavano a letto tranquilli.

"In cucina non ci vado! C'è un mostro dietro la porta!"

È importante che i vostri bambini piccoli non guardino mai cartoni animati che abbiano come protagonisti mostri terrorizzanti. Spesso, infatti, le loro paure sono strettamente connesse a esperienze vissute passivamente, come può esserlo la visione di un film non adatto alla loro età. In alcuni casi però è impossibile impedire che il piccolo venga a contatto con determinate emozioni e, a seconda della paura che manifesta, si può cercare allora di mostrargli, nel modo più sereno possibile, che non c'è nessun mostro in cucina. Mi raccomando, non ironizzate mai ma, con la vostra serenità, dimostrate al bambino che, concretamente, non c'è proprio niente che lui non conosca. L'attività in questo caso è semplicissima: si tratta di entrare in cucina tenendo per mano il bambino e di invitarlo, parlandogli sempre con voce pacata, a controllare in ogni angolino: sotto il tavolo, dietro la credenza, nella dispensa...

Nella vita quotidiana della famiglia ci sono momenti in cui i genitori devono provvedere al ménage e non possono dedicare ai bambini la loro attenzione. Succede quindi che questi entrino in crisi, si mettano magari a strillare e spesso ostacolino il genitore nella sua attività.

Per superare questi momenti, sono perfetti i

Giochi dei mestieri

Si tratta di attività che consentono al bambino di sentirsi coinvolto in ciò che sta facendo l'adulto. I piccoli così hanno l'impressione di "saper fare" come la mamma o il papà e, insieme, si divertono.

Il piccolo cuoco

Questo è il classico gioco per vostro figlio di 2-3 anni, mentre preparate da mangiare per tutti. Potete farlo sedere a tavola e dargli una zucchina (o un qualsiasi ortaggio tenero e senza spine), un coltellino di plastica e una ciotola sempre di plastica. Lasciate che maneggi, tagli o sbricioli la zucchina e poi ne butti i pezzetti nella ciotola. Si divertirà moltissimo e poi potrete riutilizzare il tutto nel minestrone. Questo gioco può essere arricchito con un po' di fantasia, per esempio: sbucciare i piselli, spalmare il burro sul pane, impastare, versare l'acqua nella farina, tagliare con la rotellina la pasta della pizza.

Il piccolo chimico

Questo è un gioco divertentissimo attuabile in diverse occasioni: mentre si lavano a mano i capi delicati in bagno, quando si curano le piante sul balcone in estate, oppure in spiaggia, sotto l'ombrellone, prendendosi intanto qualche minuto per leggere il giornale. Se fa caldo, è un ottimo modo perché il bambino si rinfreschi.

Cosa c'è di più divertente che giocare con l'acqua? Meglio se l'acqua si tinge di qualche colore. Bene, prendete una grande bacinella di plastica, metteteci dentro due o tre bicchieri di plastica (possono anche essere vasetti di yogurt) e una caraffa di plastica con due dita d'acqua, magari colorata con qualche goccia di succo d'arancia. A questo punto si può invitare il piccolino a riempire i bicchieri. Vedrete come si divertirà. Se non siete all'aperto (sul terrazzo o in spiaggia), per evitare allagamenti potete usare l'accortezza di mettere il bambino, con tutto il necessario, nella vasca da bagno.

Il piccolo barista

In molte case è presente una macchina del caffè che utilizza le cialdine. Il vostro treenne, dopo avervi osservato in silenzio e sempre alla vostra presenza, pur così piccolo sarà in grado di imitare i vostri movimenti e di prepararvi degli ottimi caffè con grande soddisfazione per tutta la famiglia.

L'addetto alle pulizie

I bambini amano sentirsi utili e imitare la mamma nelle faccende domestiche. Vostro figlio sarà molto contento quindi se gli darete uno straccetto o una spugna da passare sulle superfici, così come la scopa o, meglio ancora, l'aspirapolvere per il pavimento. Sarà vostra cura stare attenti che non si faccia male e che con il manico non faccia cadere tutti i soprammobili alle sue spalle, ma per lui sarà un importante passo nella propria autostima.

Il piccolo ortolano

Un modo divertente e simpatico per insegnare al vostro bambino i nomi della frutta e della verdura, e anche per insegnargli a contare, è quello di giocare all'ortolano. Prendete dei frutti e degli ortaggi che avete in casa, poneteli su un piano basso all'altezza del bambino, e chiedetegli poi di riportarveli, pronunciandone chiaramente il nome e indicando il numero che ne volete.

Il piccolo telefonista

State telefonando e vostro figlio cerca in ogni modo di disturbarvi strillando a pieni polmoni e strappandovi la cornetta? Tenete a portata di mano un vecchio apparecchio (meglio un telefono vero che il giocattolo) e dateglielo: vedrete che si calmerà per un po'.

Potete poi prendere l'abitudine di giocare a telefonarvi fra voi. Per esempio, quando volete comunicargli qualcosa, dite: "Prendi il tuo telefono che suona! *Driiiiiiiiiin... driiiiiiiiiin...*". Lui, afferrando la cornetta, risponderà: "Pronto?". E voi: "Sono la mamma, mi porti per favore la tua palla rossa che voglio giocare con te? Ti aspetto in corridoio".

Queste finte telefonate, specialmente se organizzate in un momento di noia o persino di capriccio, si rivelano molto efficaci.

Se volete che il bambino prenda l'abitudine di ascoltarvi e di aiutarvi mentre magari siete momentaneamente occupati in altro, almeno alle prime telefonate fategli solo richieste per lui gradevoli:

"*Driiiiiiiiiin*... Signore, mi aiuta ad aprire l'acqua nella vasca?" (se adora fare il bagno).

"*Driiiiiiiiiin*... Mettimi la borsa sul passeggino perché dobbiamo uscire" (se è sempre contento di uscire).

"*Driiiiin*... Scegli un libro da leggere e preparalo sulla poltrona..." (se il piccolo adora leggere).
Quando il vostro bambino si sarà abituato a rispondere a queste telefonate con richieste per lui gradevoli e divertenti, potrete chiamarlo anche senza il *Driiiiin* perché risponderà comunque.
Il trucco del gioco è proprio questo: a richieste positive e con voce serena, la risposta è positiva.

La comunicazione serena e pacata è sempre la più efficace. Ma quante volte noi adulti perdiamo la pazienza e alziamo la voce con i nostri bambini? Loro sono velocissimi e ci imitano. Per ovviare a questo, c'è un bellissimo gioco che classifichiamo fra i

Giochi della buona educazione

Si tratta di giochi semplici ma coinvolgenti che insegnano buone e basilari abitudini purtroppo oggi non più tanto scontate.

Il semaforo della voce
Per questo gioco occorre prendere tre fogli di carta colorata rossa, verde e gialla (oppure arancione) e tagliare tre cerchi, uno per colore, con un diametro di 10-15 cm.
Una volta preparato il materiale, potete spiegare al

bambino che con il semaforo rosso non si parla, con quello giallo lo si fa sottovoce, mentre con quello verde la voce può essere usata liberamente. Perché il meccanismo gli sia chiaro, è bene fargli fare delle prove. Perciò, mettete il semaforo verde e cantate a squarciagola oppure accendete il cd della sua storia preferita e gridate a voce molto alta. Allora sarà probabilmente lui a chiedervi di fare silenzio, ed ecco che potrete estrarre il semaforo giallo e abbassare il volume della voce o addirittura quello rosso e ammutolirvi con un sorriso.

Poi si può fare una prova subito dopo cena quando il papà stanco guarda la partita. Certo non vuole confusione intorno a sé e allora... semaforo rosso in soggiorno e semaforo giallo nella cameretta, dove si sta finendo di fare ordine e si prepara il letto per la notte (e poi semaforo rosso anche qui perché presto arriva il momento della storia della buonanotte e ci si addormenta).

Questo gioco – ideato anzitutto per il piccolo di casa che deve imparare a comunicare educatamente, risulta utilissimo anche per i grandi – andrebbe ripetuto o, almeno, richiamato spesso alla memoria dell'intera famiglia. Perciò sarebbe bene usare spesso espressioni come:

– "Bravo, hai utilizzato la tua voce gentile e mi è passato il mal di testa!".

– "Hai passato tutto il pomeriggio in camera a gio-

care con il tuo amichetto e non vi ho nemmeno sentiti!"
– "L'insegnante mi ha detto che ti rivolgi a lei sempre con molta educazione: bravo!"
Insomma, i rinforzi positivi non sono mai abbastanza!
Sarebbe bello inoltre se questo lavoro venisse fatto anche a scuola: peraltro il tono di voce troppo alto o inadeguato alla situazione può essere un primo segnale di prepotenza e bullismo da tenere sotto controllo.

Scusa... e poi ripara!
Parole come "scusa", "per favore" e "grazie" possono essere insegnate a partire dai 6 mesi, quando ovviamente il bambino non parla... ma ascolta. Basta che le usiate sempre tra voi genitori (soprattutto a tavola, momento in cui la famiglia quotidianamente si riunisce: "Per favore, mi passi l'olio?") e nelle conversazioni con vostro figlio, magari accompagnandole con un sorriso. È proprio l'ascolto ripetuto il modo più efficace per fissare le parole: una ricerca americana ha evidenziato come i bambini fra i 2 e i 3 anni si sentano dire mediamente un "no" ogni 9 minuti e, infatti, "no" è l'espressione che i piccoli di questa età ripetono più spesso.
Quanto all'uso della parola "scusa", devo però fare

una premessa importante: cerchiamo di usarla il più possibile davanti ai nostri bambini di 2-3 anni e di insegnarla loro, ma sempre mettendola in relazione con piccoli incidenti materiali. Non dobbiamo, né possiamo, pretendere che il bambino ne faccia una questione filosofica o morale. Va bene perciò suggerirgli di dire: "Scusa, ti ho urtato mentre passavo", ma non – dopo che ha detto "Sei stupido!" – "Scusa se con quella parola ti ho offeso". In questo secondo caso bisognerebbe spiegare che la parola "stupido" non va utilizzata in quanto ognuno va rispettato, ma a 3 o anche 4 anni è un discorso abbastanza difficile; è perciò più semplice suggerire pragmaticamente al bambino la frase e il comportamento più adatto alla situazione. Invece che "Sei stupido" avrebbe potuto dire "Scusa, spiegami meglio quello che stai facendo o che devo fare". Soprattutto non diamo al bambino l'idea che può fare quello che vuole e poi chiedere scusa. "Scusa" non deve essere la bacchetta magica che lo autorizza a comportarsi male.

Poiché dunque alle scuse deve sempre far seguito almeno la "riparazione" concreta, vi suggerisco di improvvisare sul momento semplici attività in questo senso: se rovesci il latte, ti do lo straccio e pulisci; se sporchi per terra, raccogli e passi la scopa; se lasci i giochi in disordine in soggiorno, torni subito a rimetterli a posto...

Per favore e grazie!

Quanto al meccanismo del "per favore – grazie", oltre al frequente uso quotidiano, si può ricorrere a un simpatico gioco. Invitate vostro figlio a giocare con i suoi peluche. Se sono in una cesta li tirerete fuori, se sono già fuori ne prenderete uno alla volta, e man mano i vari animaletti chiederanno al bambino dei favori. Per esempio: "Mi prendi un bicchiere d'acqua, per favore?". Il piccolo sarà felice di prendere un bicchierino di plastica per dissetare il peluche, che lo ringrazierà calorosamente. A un altro animaletto poi farete dire: "Ho freddo, prendimi una copertina!". A questo punto interevverrete voi, o farete intervenire l'orsetto preferito, redarguendo il peluche "maleducato" perché non ha detto "per favore"; egli capirà e riformulerà la richiesta.

Le mani servono per...

Oltre alle parole, nella comunicazione sono importanti alcuni gesti, generalmente fatti con le mani, che sono gentili e significativi. In un momento tranquillo della giornata, ricordateli insieme con i vostri bambini, anche con i piccoli. Potete mimarli insieme: si tratta di stringere la mano, salutare con la mano da lontano, indicare il silenzio con un dito sulla bocca per non disturbare, fare il segno dello stop con la mano per fermare qualcuno, accarezzare chi si è fatto male o è triste, toccarsi la guancia con un dito per indicare che un cibo vi è piaciuto. Cercate contemporaneamente di ricordare momenti in cui avete compiuto quei gesti e con quali conseguenze positive.

In un altro momento potrete illustrare ai bambini, sempre mimando, i gesti che non vanno mai bene: picchiare, portar via qualcosa al proprietario senza chiedere il permesso, lanciare con rabbia... In questo caso dovrete ovviamente sottolineare a voce e con le vostre espressioni che quei comportamenti non sono educati né accettabili.

I piedi servono per...

La stessa attività può essere fatta in relazione ai piedi. Si può mimare di

– correre da qualcuno che ci chiama

– camminare piano vicino alla mamma che è stanca e ha le borse della spesa

– lasciar passare una persona anziana

– dare un calcio al pallone in direzione di chi lo chiede.

E chi più ne ha più ne metta!

Con i piedi è abbastanza facile anche ricordare ciò che non bisogna fare!

Invito a cena per le bambole!

Un'altra premessa: io sconsiglio vivamente di portare i bambini piccoli al ristorante, soprattutto quando lo spazio è ristretto e l'invito è essenzialmente per adulti. Tuttavia è importante che, fin da subito, si abituino a un corretto comportamento a tavola. A questo proposito sono utilissime semplici attività quotidiane, quali far sedere vostro figlio a tavola con voi, dall'età di 1 anno in poi, almeno per un pasto al giorno; invitarlo ad aiutarvi ad apparecchiare, prima affidandogli le sue stoviglie infrangibili e, man mano che cresce, anche le vostre; coinvolgerlo nella conversazione durante il pasto magari chiedendo il suo parere sul cibo. Queste attività devono essere sempre accompagnate da semplici regole per grandi e piccini: ai pasti togliere di torno qualsiasi altro disturbo (tv, cellulare, giochi vari sonori e non...); far sedere il bambino solo quando il cibo è pronto; mettergliene nel piatto una quantità limitatissima in modo che finisca subito e invitarlo a domandarne ancora solo se ha fame; consentire che, chiedendo permesso, si allontani da tavola tra una portata e l'altra, a patto che arrivi immediatamente per la successiva; pretendere che, prima di allontanarsi alla fine del pasto, anche prima di voi, sparecchi le sue stoviglie; non permettere che dopo torni a mangiare altro.

Ma ora vediamo un gioco vero e proprio. Il bambino avrà sicuramente un suo tavolino basso (se no, potete utilizzare una sedia, uno sgabello o uno scatolone rivoltato). Organizzate una cenetta con le bambole o i peluche proprio seguendo le regole appena elencate: sarà un gioco divertente al quale potrete far riferimento quando, nelle cene reali in famiglia, nascessero contestazioni.

"Ricordi che l'orsetto aveva ancora fame, ma non ha potuto mangiare la torta perché era corso nel bosco?"

"La tua bambola è proprio capricciosa. Non è voluta stare a tavola e poi ha visto che tutti mangiavano le patatine fritte che le piacciono molto."

Giocate anche a fare il commensale assegnando al bambino il ruolo del cameriere: si sentirà grande e si divertirà, soprattutto se contesterete qualcosa: "Signor cameriere, questo risotto è insipido!", "So bene che la cucina è chiusa, ma vorrei lo stesso l'arrosto!"...

Oltre alla "buona educazione", è importante che il bambino acquisisca gradualmente indipendenza in tanti piccoli gesti quotidiani. A questo scopo si possono proporre i

Giochi per far da soli

Si tratta di attività semplicissime che rendono autonomi i bambini e, insieme, li divertono moltissimo: in questa fascia d'età, infatti, il gioco è la vita, la quotidianità stessa che è tutta da scoprire. Quindi

Laviamoci!

Mettete davanti al lavandino una piccola pedana in modo che il bambino arrivi ai rubinetti, al sapone e al dentifricio; in alternativa, invitate il bambino a lavarsi al bidet. Un giorno, mostrategli con calma come si usano sapone e dentifricio e insegnategli a sciacquarsi bene, lasciandogli a disposizione un bicchiere di plastica per i denti. Assistete ai suoi tentativi senza criticarlo troppo e gratificatelo non appena raggiunge una certa dimestichezza; a questo punto potete anche motivarlo lasciandolo scegliere al supermercato un sapone e un dentifricio a lui graditi. Quando avrà imparato, ogni mattina, ogni sera, ogni volta che si deve lavare le mani, invitatelo a fare a gara a chi fa prima e meglio, magari anche pretendendo che lasci il lavandino pulito come l'ha trovato.

Pieghiamo!

E per quanto riguarda i vestiti? A 3 anni il bambino può imparare (divertendosi) che la biancheria smessa va portata nel cesto del bucato, mentre il resto va piegato e riposto su una sedia o in fondo al letto pronto per l'indomani. È un'abitudine facile da prendere e permette al genitore di comunicare al piccolo le sue idee sull'ordine, sulla pulizia, sulla correttezza dell'abbigliamento. Nella quotidianità potete favorirla con semplici osservazioni: "Oggi ha piovuto e i pantaloni si sono sporcati. Portali nella cesta. Domani metterai questi puliti", "Hanno detto che ci sarà un temporale: dovrai metterti questa felpa pesante. Prendiamola dal cassetto"...

Un'attività molto utile è quella del riordino dei cassetti della biancheria o delle magliette del bambino: coinvolgetelo tirando tutto fuori, affrontando un ripiano per volta e chiedendogli di aiutarvi a dividere e a piegare i vari capi per bene. Potete anche fare finta di andare a comprare al suo negozio gli indumenti che dovete riporre. In breve tempo il bambino si ricorderà dove sono le sue calze, le sue magliette, e prenderà la buona abitudine dell'ordine personale.

Intorno ai 2 anni, in genere, il bambino sa muoversi con scioltezza al punto da salire e scendere le scale con un piede dopo l'altro, arrampicarsi un po' ovunque, saltare, andare sul triciclo... Ma, purtroppo, spesso diventa pigro perché queste sue risorse fisiche vengono annullate da una vita essenzialmente sedentaria e dai continui tentativi dei genitori di farlo stare fermo o quanto meno "tranquillo". Perciò succede che talvolta anche un breve tratto a piedi diventi un problema. E allora?

Giochi di movimento

Ecco alcune semplicissime attività da fare a casa o ai giardinetti. Con gran divertimento per tutti.

Da casa a... come il gattino

Stabilite che un determinato punto della casa (una poltrona del soggiorno, un angolo dietro una porta...) è la "casa" da cui il bambino deve partire per raggiungervi. Mettetevi in un'altra zona dell'abitazione, per esempio in cucina, e domandategli: "Vieni a farmi visita? Che animale vuoi essere?". Se il bambino ha scelto di essere un gattino, deve venire da voi gattonando. Se è un canguro, deve saltellare. Se vuole essere un serpente, deve strisciare. Qualora sia un gambero, deve camminare all'indietro.

Naturalmente, una volta arrivato da voi, dovrà tornare a casa nello stesso modo.

Record di salti

Quando il bambino ha imparato a saltare sui due piedi, invitatelo a raggiungere il suo record di salti consecutivi. Dategli tre possibilità al giorno e segnate i risultati su un foglio. Vedrete come il record migliorerà nel giro di poche settimane. Poi, quando avrà imparato a saltare su un piede solo, misurate il suo record anche in questa specialità! In casa fatelo saltare con le scarpe da ginnastica o, meglio, con le calzine antiscivolo per non disturbare i vicini.

L'aeroplano

Mimate il volo dell'aeroplano e invitate il bambino a seguirvi: braccia aperte, testa alta e si corre di qua e di là dove le ali riescono a passare: vvvvvvvvvvvvvvvvvrum! Dopo tre-quattro minuti, si atterra piano piano: la corsa rallenta, le ali si abbassano e ci si sdraia a terra sulla pancia. È un bel gioco da fare su un prato, ma è divertente anche in casa se la mamma descrive ciò che vede volando: "Attenzione allo schienale della poltrona, è una montagna altissima", "Non cadere, sotto c'è il mare-tappeto!", "Attenzione: vedi la scuola dei peluche? Si spaventeranno per il rumore"...

Se avete una bambina, legatele ai polsi alcuni nastri colorati e fatela volare con quelli: si sentirà bellissima.

La galleria delle sedie

Prendete tutte le sedie di casa, mettetele in fila e invitate il bambino a imitare il treno che passa sotto la galleria. Fate voi il fischio e il caratteristico "ciuf ciuf". Poi chiedetegli di tornare indietro o di far passare in galleria le sue macchinine o i suoi peluche.

Ci riesci?

Mettetevi uno di fronte all'altro e dite:

– "Riesci a toccarti le spalle incrociando le braccia?"

– "Riesci a toccarti la punta dei piedi senza piegare le ginocchia?"

– "Riesci a toccare le ginocchia con la fronte senza accucciarti?"

– "Riesci a stare in equilibrio su un piede solo e con le braccia aperte?"

Poi mostrate al bambino l'esercizio e invitatelo a eseguirlo.

Il gioco degli animali

Un gioco di movimento che il vostro bambino vi chiederà spesso di ripetere. Ditegli: "Ora giochiamo agli animali. Facciamo il salto della rana!" e invitatelo ad accucciarsi con le ginocchia divaricate e le mani appoggiate al pavimento, tra i piedi. Quando pronuncerete la frase "La bella ranocchia (o il bel ranocchio) SALTA!", al "salta!" il bambino dovrà compiere un balzo in avanti, stendendo le braccia verso l'alto e ritornando poi nella posizione iniziale. È un esercizio che, oltre a stimolarli nel movimento, aiuta i bambini ad acquisire una buona coordinazione.

Quindi continuerete: "E ora facciamo la scimmietta che ha i piedi prensili, ovvero che riescono a prendere le cose come le mani". Disponete alcune matite per terra e chiedete a vostro figlio di raccoglierle con il piede: si divertirà moltissimo.

Alla scoperta dei giardinetti (o del cortile)

Ai giardinetti, o nel cortile cintato di casa, potete fare bellissimi esercizi di autonomia e orientamento. Il bambino, infatti, in questi spazi si può muovere liberamente, anche se non va mai perso d'occhio. Proponetegli quindi queste attività:

– "Io mi siedo su questa panchina. Tu vai in fondo alla stradina e io conto quanto tempo ci metti a tornare da me".

– "Prova a correre fino a quell'albero in fondo e controlla se mi vedi da là."

– "Prendiamo insieme questo sentiero nuovo. Facciamo in terra dei segni che ci serviranno per tornare alla nostra panchina."

– "Contiamo quanti alberi mancano per arrivare alla fontanella."

– "Raccogliamo un po' di sassolini di ghiaia (o di bastoncini da conficcare a terra) e mettiamoli sulla strada per arrivare allo scivolo. Così capiremo dove dobbiamo girare."

– "Io ti guardo da qua, tu arrivi alla fontana e poi torni."

E per concludere, visto che ci avviamo ai 3 anni, tre bellissimi

Giochi didattici

A 3 anni un bambino sa, in genere, rispondere alle classiche domande "Come ti chiami?" e "Quanti anni hai?" e riesce a seguire una storia semplice. Ecco come stimolarlo.

Riconosco i nomi di famiglia!

Preparate alcuni cartoncini 10 x 20 cm circa su cui scriverete in stampatello maiuscolo il nome del bambino e, uno per ciascun cartoncino, quelli del papà, della mamma e dei fratelli. Poi prendete altri cartoncini e incollate su ciascuno una delle vostre fototessera. A questo punto può cominciare il gioco degli abbinamenti. Invitate il bambino a comporre un po' di volte con voi le coppie nome/foto pronunciando insieme i nomi ad alta voce. A poco a poco, sarà capace di mettere da solo la foto sotto il nome corrispondente. Poi potete mischiare le carte con i nomi e invitarlo a riconoscere il proprio. Oppure potete spargere i cartoncini con i nomi in giro per la casa, in punti visibili, e chiedere al bambino di portarvi papà Giovanni e metterlo al suo posto a tavola, poi la mamma, i fratelli e, per ultimo, lui stesso.

... e riconosco anche i numeri!

Con lo stesso sistema dei cartoncini, potete insegnare al bambino a riconoscere i numeri. Su una serie di cartoncini, scrivete in grafia chiara le cifre; sull'altra disegnate quantità corrispondenti di oggetti (tre gattini, due alberi ecc.). A questo punto giocate con il bambino a fare gli abbinamenti, magari proponendogli per primo il tre, numero dei suoi anni. Poi, gradualmente passerete al due o al quattro.

Le sequenze logiche della storia

Fotocopiate le figure del libretto con la storia preferita del bambino. Incollatele su cartoncini e conservatele.

Per qualche sera leggetegli sempre quella storia. Poi, un pomeriggio, disponete per terra le vostre fotocopie in ordine sparso e invitate il bambino a metterle in fila mentre voi gli rileggete la storia senza che lui guardi il libro. Magari dopo due o tre tentativi, imparerà a ordinare le fotocopie nella sequenza giusta e vi saprà raccontare con le sue parole la storia.

2

Giocare per condividere (3-6 anni)

I 3 anni sono un traguardo e un punto di partenza importante nella crescita dal punto di vista sia fisico sia psicologico. Prima di questa età, infatti, il bambino ha imparato a camminare e a usare sempre meglio il proprio corpo, ma anche a parlare e a seguire un semplice filo logico. A 3 anni ha dunque tutti gli "strumenti" per preparare il prossimo grande balzo in avanti, dovrà soltanto adattarli e, soprattutto, adattare se stesso alla compagnia degli altri, coetanei o adulti che siano.

Con il passare del tempo anche i giochi e le attività cambiano: in questa fase i bambini amano molto imitare, recitare, mettersi nei panni di... In genere le femmine tendono a interessarsi di più alle persone, i maschietti alle cose. L'importante è lasciarli liberi: il gioco è espressione della loro fantasia, dei loro pensieri, della loro relazione con cose e persone; quindi non va mai corretto. Certo, potete suggerire al bambino un'attività o un gioco, per esempio quelli che vi propongo in questo libro, ma non correggete mai bruscamente né, peggio ancora, criticate il suo operato: non creategli insomma alcun problema! Siate entusiasti di quello che fa e, se in qualcosa non riesce, fate finta di niente. Ci riproverà la prossima volta, se il gioco l'ha comunque interessato.

I primi giochi che vi presento sono legati alle favole e alle fiabe, che vi invito vivamente a raccontare e a leggere ai vostri bambini perché sono di grande arricchimento per loro e anche per voi. Quelle classiche hanno il grande vantaggio di insegnarci un'infinità di cose senza farci sentire in colpa, ma inducendoci a riflettere sui nostri comportamenti in un clima emotivo sereno perché, apparentemente, quel che succede non ci riguarda. In realtà è proprio il contrario: leggendo vengono quasi sempre a galla emozioni personali molto importanti che, sotto forma di gioco, è però molto più facile gestire.

Prima di passare ai giochi vi do un suggerimento per la vita quotidiana: utilizzate elementi di sorpresa e magia nelle situazioni che vivete con i bambini, "Guarda un po', ci siamo persi proprio come Biancaneve nel bosco. Chissà se troviamo anche noi la casetta dei sette nani", "Che bello! C'è vento ma la nostra roulotte è robusta come la casetta del porcellino saggio. È bello sentirsi al riparo", "Dobbiamo mettere la copertina a questo libro per conservarlo bene, non vogliamo venderlo come ha fatto Pinocchio"...

Giochi con le fiabe 

I giochi che seguono possono essere "modulati" in base all'età: con un bambino di 3 anni potrete utilizzare come guida un libro illustrato e, da lì, spingerlo a fantasticare; negli anni successivi potrete invece costruire scenari più complessi e stimolare il ragionamento dando per acquisita la conoscenza della fiaba. Non eliminate però mai i primi libretti, semplici nel testo ma ricchi nelle illustrazioni, che avete usato quando i vostri bambini erano piccoli. Al solo vederli sullo scaffale della libreria, anche i ragazzini più grandi si emozioneranno positivamente, tornando con il pensiero al messaggio semplice e gradevole che hanno conosciuto in passato e che vorranno certamente recuperare.

Ma veniamo a questi giochi con le fiabe: i vostri figli si appassioneranno a riflettere e a giocare con i loro "eroi", da Raperonzolo ai topini di Cenerentola, dalla nonna di Cappuccetto Rosso al piccolo Jack che pianta il fagiolo magico...

Talk-show sulla favola

Questo è un gioco ideale per i viaggi lunghi in automobile con bambini dai 4 ai 6 anni che, se si annoiano, possono diventare lamentosi e fastidiosi. Si tratta di partire da una favola già conosciuta oppure la si racconta al momento (se ci sono bambini di 3-4 anni, magari portandosi dietro un libretto illustrato) per poi scatenare il dibattito. Prendiamo per esempio il grande classico *La formica e la cicala* di Esopo. Riassumo brevemente la storia per chi non la ricordasse. È estate e un'allegra cicala canta a squarciagola sul ramo di un albero, mentre per terra numerose formiche tutte in fila faticano per trasportare chicchi di grano nel formicaio. La cicala le invita, quasi prendendole in giro, a cantare con lei, ma le formiche replicano che devono preparare le provviste per l'inverno quando la neve coprirà tutto. Per l'intera estate la cicala canta e le formiche lavorano. Arrivano l'inverno e la neve, e la cicala non trova più niente da mangiare; così si affaccia al formicaio chiedendo la carità di un chicco di grano, ma la formica che le va incontro, ricordandosi delle prese in giro subite, le risponde: "Hai voluto cantare per tutta l'estate mentre noi lavoravamo? Ora continua pure a farlo!".

Cominciando a parlarne, è importante ascoltare con attenzione quello che i bambini dicono e soprattutto non controbattere. Le loro parole sono espressione delle emozioni che stanno provando in quel momento.

"La formica che va incontro alla cicala è cattiva!"

"Ma la cicala non ha lavorato per niente!"

"Il grano è della formica!"

"Magari la cicala non sapeva che in inverno non si trova da mangiare."

"Mamma, le cicale muoiono d'inverno?"
"E le formiche cosa fanno sottoterra? Riescono a respirare?"
E, da qui, quanti spunti di conversazione e quanti paragoni si possono cogliere con la vita quotidiana dei bambini!
Chi, in famiglia, suggerisce la cosa giusta da fare?
Chi lavora per procurare il necessario?
È giusto ascoltare chi ci suggerisce di far qualcosa?
È giusto aiutare chi ha bisogno?

Disegna e indovina

A partire dai 4 anni il bambino ha di solito acquisito la capacità di tracciare elementi come la figura umana, un albero, la casetta, il sole (se però il risultato non vi sembra accurato, non dovete preoccuparvi bensì lasciare che sia lui o lei a spiegarvi cosa ha disegnato, accettando la sua spiegazione senza mai correggerla né criticarla).
Premesso ciò, potete mettere in atto una piccola sfida. Il genitore e il bambino, dotandosi di due fogli bianchi, uno per uno, pensano ognuno per conto proprio una singola scena o, meglio, un singolo oggetto caratteristico che appartiene a una delle fiabe conosciute (gli stivali del gatto con gli stivali, lo scrigno in cui la regina vuol far chiudere il cuore di

Biancaneve, il cestino di Cappuccetto Rosso ecc.) e lo disegnano. Quando entrambi l'hanno terminato, si scambiano i fogli: è divertente vedere come ognuno identifica la favola dell'altro e la racconta, ancora più divertente sbagliare favola e inventarne una nuova!

Io mimo e tu mi dici chi è
In questa fascia d'età i bambini incominciano anche ad appassionarsi al travestimento e a dedicarsi con maggior piacere ai giochi di ruolo, recitando la parte di altri personaggi e sicuramente imitandovi. Fate in modo che nella cameretta sia presente una cesta con vecchie camicie da notte, cravatte, camicie del papà ecc. Un gioco divertente quando ci sono più bambini sarà quello di organizzare uno spettacolino che abbia per tema una favola. Una versione più semplice, valida anche per un singolo bambino, sarà quella di fargli mimare i vari personaggi delle fiabe o delle favole che preferiscono e giocare a indovinarli.

Ma già con le letture e i giochi legati alle fiabe avrete avuto modo di notare le emozioni dei bambini, evidenti sia nelle loro parole sia nelle espressioni del viso. Perciò ora vediamo come farle venire a galla.

Attività per riconoscere le emozioni

Dai 3 anni in avanti, il bambino acquisisce sempre più consapevolezza e capacità di spiegare ciò che succede anche dentro di sé. Le attività che seguono lo aiutano a riconoscere e a capire le emozioni, tanto importanti nella sua esperienza quotidiana, dalla paura alla rabbia, dalla gioia alla gelosia.

Un solo avvertimento importantissimo: lasciate che il bambino si esprima spontaneamente, non suggeritegli voi l'emozione. Non ditegli, insomma: "So che hai paura", "Sei arrabbiato?", "Ti annoi?"... Se lo fate, il bambino crescendo potrebbe usare queste espressioni a sproposito e a giustificazione di una sua semplice malavoglia. È invece molto meglio chiedere al bambino: "E tu cosa ne pensi?" o "Che cosa avresti fatto?". In questo modo si arriva all'accadimento concreto, al nocciolo del problema che è molto più semplice da risolvere (cfr. La soluzione del problema *in* Fate i bravi!*, pp. 229-233).*

Il gioco dello specchio

Questo è un gioco perfetto da fare nei momenti in cui il vostro bambino è nervoso e polemico. Prendetelo per mano e portatelo davanti a uno specchio. Inizialmente vi accorgerete che Carla, 4 anni, (e forse anche voi genitori) ha un'espressione arrabbiata. Nel giro di pochi secondi, però, probabilmente sorriderà... e succederà la stessa cosa anche

a voi! L'espressione del suo viso arrabbiato, infatti, non le piace: è più bella (e vuole esserlo) se sorride e se anche voi lo fate!
Una volta che le avrete fatto notare la differenza fra il suo volto sereno e quello arrabbiato, potrete giocare a "fare facce" davanti allo specchio: espressione paurosa, rabbiosa, felice, invidiosa, curiosa... E che risate!
In un momento di nervosismo (non per gravi motivi), questo gioco facilita la soluzione del problema. Appendete quindi sempre uno specchio a misura di bambino in qualche angolo della casa. Se vi abituerete a usare bene questo strumento, vi accorgerete che ogni tanto i bambini andranno da soli a specchiarsi per "controllare" le proprie espressioni: non dovete assolutamente prenderli in giro, stanno scoprendo chi sono e per loro deve essere sempre una bella sorpresa. (Lo specchio sarà utile anche con i più grandicelli, cfr. pp. 193-194.)

Actor's Studio

Questo gioco, sempre finalizzato alla conoscenza delle emozioni e soprattutto alla capacità di capirle negli altri, può essere proposto a partire dai 5 anni. Si tratta di una sorta di esercizio di recitazione. Una stessa frase – per esempio, "Il treno parte alle 5" –

può essere detta con intonazione diversa a seconda della situazione: gioiosa se si parte per una bella vacanza, preoccupata se si è in gran ritardo, triste se lo prenderà un amico che poi non rivedremo per lungo tempo...
Inventate con i vostri bambini qualche semplice frase e poi provate tutte le possibili intonazioni, spiegando la differenza tra una e l'altra.

Sorride perché è contento
Per abituare il vostro bambino a capire le proprie emozioni, riconoscendole anche negli altri e mettendole in relazione con diverse situazioni, un gioco che potete fare è quello di ritagliare da alcune riviste diverse fotografie che ritraggano volti particolarmente espressivi, di adulti e bambini. Fate osservare a vostro figlio le caratteristiche del viso ("Com'è la bocca? E gli occhi? Come si sente secondo te questo bimbo? Cosa sarà successo perché si senta così?"). Via via il bambino sarà sollecitato ad ampliare il proprio vocabolario relativo al mondo interiore.
Un altro gioco che ha lo stesso intento sarà quello di disegnare delle faccine (tipo *emoticons*) e insegnare al bambino a distinguere i diversi stati d'animo che esprimono.

Le imitazioni

Siete capaci di imitare la voce di persone che il bambino conosce (il nonno, la zia, la panettiera...)? Potete inventare con lui alcune scenette buffe, interpretando un personaggio. Se trovate il garbo giusto, questo gioco può anche servire a sdrammatizzare situazioni di tensione e ad appianare malintesi dimostrando che ognuno di noi ha le sue particolarità di carattere che lo rendono persino più interessante.

Per esempio, se vostro figlio è intimorito ogni volta che incontra il meccanico perché ha una voce molto profonda, potete innanzi tutto dirgli: "Il signor meccanico ha la voce forte perché deve farsi sentire sopra il rumore del motore". Poi potete improvvisare un dialogo imitando il meccanico e rivolgendovi a vostro figlio in tono prima apparentemente severo, poi bonario. Potreste cominciare con "Signor Bambino, ma come tiene le sue macchinine!?! Sono tutte ammaccate! Ma lei sa guidare? Chi le ha dato la patente?? Anzi, mi faccia vedere che le faccio io un esame...". Sempre dialogando con il bambino, il meccanico potrebbe gradualmente "addolcirsi" e riparare gratis tutte le macchinine.

Analogamente, se suor Maria parla sempre sottovoce, potete spiegare al bambino che il tono basso è forse dovuto all'abitudine di stare in chiesa. Poi potete improvvisare un dialogo con vostro figlio, inventando un buffo malinteso dovuto a una cattiva comprensione delle parole.

Scegli una figura e mettiti a fantasticare

Per preparare questo gioco, potete fotocopiare un'illustrazione da almeno cinque o sei libri che avete letto ai vostri bambini (una sola a libro). In alternativa, se siete come me persone che non riescono a buttar via quasi niente di cartaceo, andate a riprendere i vostri vecchi giornalini ("Topolino", "Il Corriere dei Piccoli", fumetti del West per i più grandicelli) e fotocopiate una pagina significativa.

Quando avete un quarto d'ora libero (meglio se ci siete entrambi, mamma e papà: è un ottimo tempo di qualità!), sedetevi tranquilli con il vostro bambino, invitatelo a scegliere una figura e a raccontarvi una storia di sua fantasia. Il piccolino di 3 anni si limiterà forse a indicare l'immagine e a dire una sola parola, la prima che il contesto gli richiama alla mente. Benissimo, completate voi la frase, ma senza tanti fronzoli: "Sì, il coniglietto ha mangiato le carote", "Guarda che orecchie lunghe...", "Il bosco è verde"...

Qualche bambino, invece, ripeterà pari pari la storia da cui l'immagine è tratta, se se la ricorda. Anche in questo caso, va bene così: non commentate assolutamente e, soprattutto, non correggetelo mai!
Altri bambini racconteranno storie diverse. È importante che, sempre senza commentare né correggere, vi mostriate molto interessati alla storia e poniate domande pertinenti, non subdole ma solo chiarificatrici.
"Perché il bambino aveva paura?"
"Perché il leone si sente il re della foresta?"
"Come mai aveva perso la strada?"
"Quanti alberi! Dove ci troviamo?"
"Dov'è la sua casa?"
"Perché piange?"
"Perché sta ridendo?"
Dalle risposte del bambino nasceranno molti spunti interessanti. Voi genitori "immagazzinate" il tutto, non commentando ma mostrandovi solo interessati alla storia per non compromettere la genuinità delle emozioni del bambino che stanno venendo a galla.
Quando avrà finito, non pretendete di più e ringraziatelo per la bella storia. Vedrete che, prima o poi, vorrà raccontarvene un'altra e magari riprenderà, adattandola, un'avventura vissuta in prima persona alla scuola materna.

L'unica intromissione che vi potete permettere, senza forzature naturalmente, è cercare un lieto fine della storia, proprio come nelle favole, dicendo per esempio: "Son sicuro che papà si era nascosto per fargli una sorpresa!", "Il profumino della torta della nonna gli ha fatto ritrovare la strada!", "La medicina era cattiva, ma la febbre è passata subito!"...
Questo è un gioco che si può fare comodamente anche quando si è in spiaggia o su un prato dopo un picnic in campagna: l'importante è che sia limitato nel tempo e condotto con molta spontaneità. Così i bambini vi si appassionano e il loro lessico se ne avvantaggia.

Scopri la famiglia!

Questo gioco è adatto ai bambini di 6 anni e ha lo scopo di far conoscere la storia della famiglia. Innanzi tutto dovete procurarvi vecchie fotografie recuperandole magari anche da genitori, nonni, zii... Poi potete darle al bambino invitandolo a dividerle a seconda delle persone immortalate per metterle in buste distinte.
In un week-end di pioggia, invitate i nonni e gli zii a raccontare la loro storia (o fatelo voi stessi). Potrete poi incollare le foto pertinenti su un album o an-

che un vecchio quaderno, o su un cartellone, ricostruendo così la storia familiare nelle sue date principali. Questo cartellone incorniciato può essere un meraviglioso regalo di Natale per i familiari che hanno fornito le foto. Adesso, peraltro, le vecchie fotografie possono essere "scannerizzate" e quindi l'originale può essere restituito. Nello stesso tempo voi genitori avrete modo di lavorare con i bambini al computer, mostrando loro l'importanza e la comodità di questo strumento.

Nota: se siete genitori single o separati, potete ugualmente fare questo gioco, badando di inserire genitori e fratelli vostri e del padre (o della madre) del bambino. Anche se lontani, questi parenti sono pur sempre i suoi nonni e zii, quindi la sua famiglia, e danno una sensazione di sicurezza.

Come abbiamo già visto nel capitolo precedente, per gestire i momenti in cui i vostri figli si annoiano, prima che facciano un capriccio o si abbandonino alla passività della tv, potete ricorrere anche in questa fascia d'età a

Il baule magico (3-6 anni)

Per la preparazione del baule, cfr. cap. 1, pp. 36-37.

Scatola n. 1 (3-5 anni) – Il gioco dei serpentelli
Scopo: aumenta la manualità del bambino e risveglia la sua fantasia.
Contenuto: – forbici arrotondate per bambini (dopo un po', i più piccoli le rifiutano e strappano con le mani, ma va bene lo stesso)
– nastro o corda colorata
– calze spaiate di diverse misure
– un vecchio lenzuolo o un vecchio telo
– qualche quotidiano
– uno o due pennarelli (per disegnare gli occhi e la bocca del serpente)

Come si gioca: stendete a terra il telo e fatevi sedere sopra il bambino.
Prendete una pagina del quotidiano e fategli vedere sia come si taglia in piccole striscioline sia (più semplice per i piccoli) come si strappa in piccoli pezzi.
Quando il bambino avrà fatto un bel mucchio di striscioline, invitatelo a infilarle nella calza spingendo bene in modo che risulti molto piena.
A questo punto, legate la parte aperta della calza con lo spago colorato ed ecco fatto il primo serpente.
A seconda di quanto è lunga la calza, direte che è il serpente papà, mamma, bambino o bambina. Deciso questo, disegnerete all'estremità chiusa occhi e bocca col pennarello.
Poi potrete nascondere in casa il serpente e magari

sfidare papà a scovarlo, dicendo che lo avete visto strisciare in salotto due ore fa.

Il giorno dopo si potrà aumentare la famiglia dei serpenti. Ognuno nasconderà il proprio e poi si potrà giocare insieme a fare famiglia, sbizzarrendosi con storie diverse. Per esempio...

Mamma serpente fa finta di piangere. "Non trovo più i miei bambini. Erano scesi in giardino a giocare. Li ho chiamati dalla finestra: 'Bambini, dove siete? È ora di merenda', ma nessuno mi ha risposto. Sono scesa in giardino e ho cercato dappertutto, ma non c'erano da nessuna parte. Ero disperata. Allora sono risalita in casa e ho chiamato la polizia 'Venite subito, i miei bambini erano in giardino a giocare e ora sono spariti'. È arrivata la macchina della polizia, ha controllato in casa e in giardino (si può usare una macchina giocattolo e il serpente papà). *Niente. Poi finalmente abbiamo sentito delle grida venire dal fondo della strada e siamo corsi là: i bambini erano andati nel prato grande a giocare a palla senza avvertirmi. I poliziotti li hanno radunati intorno a loro e li hanno sgridati: 'Non sapete che dovevate chiedere il permesso alla mamma prima di uscire dal giardino? È molto pericoloso non avvertire i genitori quando si esce e possono succedere cose molto brutte. Per punizione adesso non andrete a giocare in giardino per tre giorni!'." I serpentelli sono mortificati ma hanno capito la lezione. Alla sera, prima di cena, chiedono scusa alla mamma e la aiutano a preparare la tavola per farle dimenticare lo spavento!*

Scatola n. 2 (4-6 anni) – Chiodi, viti e bulloni

Scopo: sviluppo dell'abilità manuale.

Contenuto: viti e bulloni di diverse misure, quanti più possibile, meglio se di dimensioni grosse (soprattutto se si possono avvicinare anche i fratellini più piccoli).

Come si gioca: tutti noi abbiamo in casa la cassetta degli attrezzi. Certamente sul fondo si sono sparsi nel tempo chiodi, viti, bulloni spaiati. Bene, raccoglieteli tutti e metteteli in una scatola più piccola, la Scatola 2, appunto. Mentre voi adulti riordinate lo sgabuzzino, potete chiedere al vostro bambino di avvitare il bullone sulla sua vite. Vedrete come si impegnerà! Se poi volete proprio farlo divertire (vale anche per le bambine, naturalmente!), preparate una fila di chiodi piantati solo per la punta in un grosso e lungo parallelepipedo di legno, per esempio un'asse che non vi serve più. A questo punto fate indossare al bambino un vecchio paio di guanti di lana o da lavoro, dategli un martello (meglio se ne avete uno piccolo e non troppo pesante) e chiedetegli di battere fino a quando il chiodo non sarà entrato completamente, raccomandandogli di non avvicinare mai l'altra mano ma di tenerla appoggiata al bordo opposto dell'asse. In genere bastano tre chiodi per lasciarvi lavorare una mezz'ora senza essere disturbati.

Se poi, quando avrete terminato, il vostro bambino vorrà ancora lavorare con i chiodi, potete chiedergli di martellarne nel legno altri 5 o 6 senza farli entrare interamente nell'asse. Poi prendete alcuni fili di lana o nastri colorati e invitatelo a creare delle composizioni passando i fili o i nastri fra i chiodi.

Scatola n. 3 (3-6 anni) – Oggi mi vesto io

Scopo: sviluppo della capacità di vestirsi e di quella di immaginare un personaggio.

Contenuto: – abiti e accessori che la mamma, il papà o i nonni non utilizzano più, per esempio una gonna lunga per mettersi nei panni della principessa, una vecchia giacca scura per interpretare il principe o il cameriere, un casco rotto per fare il vigile o il motociclista, un vecchio paio di scarpe con il tacco, un grembiulone da cucina, guanti da lavoro...

– soldi finti

– oggetti vari che trovereste in una soffitta come un vecchio telefono, una scopa di saggina, uno specchio (meglio se in plastica)...

Come si gioca: con questa magnifica scatola sono possibili diversi giochi, basta lasciare briglia sciolta

alla fantasia. Fino ai 4 anni, per esempio, si può far giocare i bambini a "Vestiamoci in fretta!". Per voi sarà sufficiente dire a vostro figlio (non per forza deve essere solo, ci possono essere anche fratelli e amichetti: e questo trasforma il gioco in una gara appassionante) di vestirsi con quanti più abiti può, indossandoli sopra quelli che già ha. Programmate un timer e, quando sarà scaduto il tempo (dovrete concedere almeno dieci minuti), dite al bambino (o ai bambini) di contare quanti capi è riuscito a mettersi. È un gioco divertente e insegna a destreggiarsi con bottoni, cerniere, stringhe che naturalmente il bambino avrà dovuto slacciare e riallacciare. Alla fine potete persino scattare una bella foto ricordo.
Il secondo gioco consiste nel chiedere al bambino di travestirsi. Poi, voi cercherete di indovinare chi è e che cosa fa. Anche in questo gioco non dovete limitarvi a pensare per conto vostro, ma è bene che facciate domande che vi mettano sulla strada giusta. Quasi sempre il travestimento sarà ovvio e palese, ma il divertimento sta nel gioco. Ponete perciò domande, naturalmente appropriate all'età dei giocatori.
– "Scusi, signore, lei si alza presto la mattina?"
– "Che belle scarpe, le piace ballare?"
– "Scusi, mi può dire dove abita? Forse al Polo Nord?"
I bambini più grandicelli imiteranno anche persone ben precise, con nome e cognome. Questo vi ser-

virà a capire che tipo di relazione hanno con questa persona: se ve la presenteranno perfetta nei modi, allora probabilmente vorrà dire che la apprezzano; viceversa, potrebbe essere il contrario. Tenetene conto, ma non commentate!

Nella fase della scuola materna i bambini apprendono gradualmente importanti abilità sociali che saranno fondamentali nelle relazioni interpersonali per tutta la loro vita. Come aiutarli ad acquisirle? Ecco i

Giochi per imparare a stare insieme 

Si tratta di attività semplici, ma da prendere molto sul serio perché aiutano a impostare correttamente i comportamenti. Cosa che – al giorno d'oggi – pare sempre più difficile da realizzare.

I rumori attorno a noi

Questa attività sviluppa la capacità di ascoltare. Spesso, infatti, ci sembra che i nostri figli non lo facciano: non sono certo sordi, ma l'impressione è che lo siano. Ebbene, potete munirvi di un piccolo registratore e... allenarli ad ascoltare! Girate insieme per la casa e registrate i rumori: la tv accesa, l'aspirapolvere, la lavastoviglie in funzione, il campanello della porta, la suoneria del telefono, la centrifuga della lavatrice,

il fischio finale del microonde, la porta che sbatte, lo sciacquone del bagno, la doccia, il tram che passa sotto casa, i bambini che giocano in cortile...
Sedetevi poi, genitori e bambini, intorno al tavolo, ascoltate un rumore per volta dal registratore e fate a gara a individuarne l'origine: vince chi ne indovina di più!
Analogamente potete registrare, senza farvi notare, le voci di tutti i familiari in ordine sparso (anche quelle dei nonni e degli zii) e di altre persone conosciute (vicini di casa, negozianti, insegnanti). Poi fate a gare a riconoscerle.
Quando invece siete in vacanza al mare, in campagna o in montagna abituate i bambini a cogliere tutti i nuovi affascinanti rumori: le onde che si infrangono sulla spiaggia nelle diverse condizioni del mare, il vento che soffia nel bosco, il cinguettio degli uccellini al mattino presto, lo starnazzare delle galline nel pollaio o sull'aia dell'agriturismo, le voci del mercato del sabato in paese, le campane della chiesetta sulla collina, l'abbaiare dei cani da caccia... Quanti suoni meravigliosi con cui costruire bellissime storie. Perché quell'uccellino cinguetta da solo? Forse sta chiamando i suoi piccoli. Il gatto miagola: avrà fame o sete? Il cane abbaia: ha visto passare un cavallo che tirava un pesante carretto. Si sente un bambino piangere... Guarda, è caduto dalla bicicletta, andiamo ad aiutarlo.

Sono tutte storie che diventano momenti di vita condivisa e che lasciano nel cuore dei bambini forti emozioni.

Mio, tuo, nostro

Un'altra acquisizione importante per i bambini è quella di riconoscere la proprietà personale e capire il senso della condivisione familiare. Per favorire questa fondamentale consapevolezza, potete disporre su un tavolo diversi effetti personali di ognuno dei componenti della famiglia (calzini, occhiali da sole, orologio, foulard...) e qualche oggetto di proprietà o utilità familiare (un quotidiano, un piccolo elettrodomestico, la scatola dei biscotti, il barattolo della pasta...).
L'attività consiste nell'invitare il bambino a riconoscere e a radunare i propri oggetti personali. Poi gli si può dire di distinguere fra quelli che appartengono a un altro componente della famiglia e quelli comuni. Sta in questo momento ai genitori spiegare che gli oggetti in comune servono a tutti ma che, qualche volta, è anche bello condividere per un po' di tempo quelli strettamente personali, cosa che del resto sempre succede. I bambini condividono i giocattoli per divertirsi di più, i grandi il quotidiano per leggere le notizie e poi magari commentarle insie-

me, a merenda si condividono i biscotti, il frullatore serve per preparare il cibo per tutti, per non parlare dei maccheroni.
Poi ogni componente della famiglia può giocare a ricordarsi quando ha condiviso con altri le sue proprietà: la mamma con la figlia maggiore la sua acqua di colonia, Giulio il suo sussidiario con l'amico che l'aveva perso, Carla le sue bambole con l'amichetta venuta a giocare con lei, Roberto la sua palla quando ci giocava con papà sul tappeto.

Dividere, dividere, dividere
Nella vita familiare quotidiana si possono sviluppare facilmente la collaborazione e l'attitudine all'ordine con questo semplice gioco. Dividere insieme, peraltro, intorno ai 3 anni e anche oltre incrementa la logica e – se si commenta mentre lo si fa – consente ai bambini di migliorare nella verbalizzazione. In una casa le occasioni per farlo sono varie:
– quando si mette via la biancheria pulita e asciutta (calze, mutandine, magliette, pantaloni, asciugamani...): si può dividere per tipo e per colore.
– quando si scarica la lavastoviglie: si possono disporre sul tavolo della cucina piatti, bicchieri, cucchiai, forchette, coltelli, divisi per tipologia.
– quando si rimette a posto la libreria dei bambini:

si possono dividere i libri in base al contenuto, storie di animali, di persone, libri istruttivi...
– quando si riordina la scarpiera: si possono dividere le scarpe a seconda del proprietario o della stagione di utilizzo.
– al rientro dalla spesa: si può dividere la frutta dalla verdura...

Mentre si fanno queste semplici attività insieme, è bene che l'adulto comunichi con il bambino.
"Bravo, hai diviso le calze pulite. Vedi che le tue sono più lunghe di quelle di tua sorella? Sei cresciuto tantissimo."
"Ho cercato di scegliere le arance più rosse perché so che a te piacciono molto. Per tua sorella ho preso invece le mele da grattugiare."
L'importante insomma è sempre partecipare al gioco!

Divertiamoci insieme... a turno!
In questa fascia di età il bambino diventa sempre più un essere sociale. È uscito dalla fase egocentrica e riconosce gli altri bambini come suoi simili e con loro desidera condividere momenti di gioco e di scoperta. Se avete un solo figlio, è facile che vi chieda di invitare a casa dei suoi amichetti per giocare. In queste occasioni di socialità sarà utile per il vostro

bambino – abituato ad avere tutto sempre e subito a propria disposizione – dover sottostare a dei turni. Un gioco da sottoporre loro sarà allora quello di erigere una torre con le costruzioni, mettendo via via un pezzo a testa.
Oppure prendete un cartoncino misura A4 o più grande, disegnate con un pennarello il contorno di una figura (un fiore, una farfalla, una casa, un albero), tagliate tante striscioline di carta crespa di vari colori (se avete più forbici con la punta arrotondata potranno farlo i bambini), fategliele appallottolare e quindi incollare a turno sul foglio, all'interno del perimetro disegnato. È facendo delle cose insieme che i bambini infatti imparano a interagire e a rispettarsi, e più si abitueranno a stare insieme condividendo dei momenti creativi, meno litigheranno sul possesso delle cose.

Piccole grandi commissioni
Molto spesso i bambini di questa età non amano andare al supermercato dove non possono più stare seduti nel carrello (in genere il seggiolino regge fino a 13-15 kg), ma devono dare la mano alla mamma. A tutti, e quindi anche a loro, invece, piace molto fare da sé. E allora, a partire dai 4 anni, insegnate loro a entrare da soli in un negozio (edicola, panettiere,

fruttivendolo, cartolaio...) e a fare piccole spese (tre panini, un quaderno, il giornale).
Per farlo, organizzate un piccolo gioco "del negozio" in casa, dove voi impersonate il negoziante e il bambino se stesso, ovvero il cliente. Potete mimare l'azione cominciando dal saluto. Poi spiegategli che bisogna aspettare il proprio turno, e illustrategli come si chiede e si risponde gentilmente, in che modo si porgono i soldi aspettando l'eventuale resto. Ovviamente non dimenticate di dirgli che, alla fine, prima di uscire, dovrà ringraziare e salutare.
Poi andate insieme al negozio e aspettate fuori che il bambino ripeta il gioco, ma... per davvero! Gli piacerà moltissimo perché lo farà sentire grande.
Ovviamente, lo stesso gioco può essere ripetuto a casa "per finta" diverse volte, improvvisando simpatiche scenette.

Ma oltre a imparare a stare insieme e a maturare le abilità sociali, i bambini fra i 3 e i 6 anni hanno una mente fresca, curiosa e pronta ad apprendere. Ecco quindi alcuni

Giochi per apprendere

Quelli che vi propongo qui sono giochi utili per stimolare vari tipi di apprendimento. Divertiranno anche voi; state

soltanto attenti a rispettare sempre i tempi del vostro bambino. Se al momento non vi segue, lasciate che faccia altro, non forzatelo. Arriverà – anche prima che ve lo aspettiate – il suo momento per imparare.

Secondo avvertimento, non meno importante: questi sono e devono rimanere GIOCHI! Non private i vostri figli della grande avventura di imparare a scuola. Certo, se ha qualche nozione, imparerà forse – apparentemente – in modo più veloce, ma si corre il rischio che pensi di saper già tutto e di avere il diritto di annoiarsi. Invece, di imparare non si finisce mai e "quel che non si sa è sempre più importante di quel che si sa già" (Gianni Rodari). Quindi, se vostro figlio impara a leggere prima di andare a scuola, non è nulla di male ma non fatelo sentire un eroe, lasciate che pensi che ha ancora moltissimo da apprendere.

Sequenze di perline o maccheroncini

Per imparare a leggere e a scrivere, un bambino deve riconoscere delle sequenze e capire che vanno da sinistra a destra. Ecco come insegnarglielo con un gioco. Procuratevi alcune perle di legno di diverse forme e colori (sono in commercio, ma potete anche cavarvela con la pasta corta con il buco, come maccheroni, bucatini che spezzerete in tronchetti o anellini, insomma formati in cui si possa infilare un filo), qualche stringa o un gomitolo di lana o cotone o corda che taglierete a pezzetti di circa 40-50 cm man mano che ne avrete bisogno.

A questo punto disegnate su alcuni cartoncini diverse sequenze: perla rossa – perla blu – perla gialla...; oppure un maccherone – un anellino – un bucatino...
Fate un nodo grosso all'inizio del pezzetto di corda e invitate il bambino a riprodurre la sequenza disegnata per formare una collana. Legate l'altro capo di corda quando ha finito. Controllate che abbia rispettato la prima sequenza e, se vuole continuare il gioco, passate a un'altra più complicata: due maccheroni – un anellino – tre bucatini – un anellino – due maccheroni. E avanti così.
Non pretendete troppo e, soprattutto, non criticate né fate stancare il bambino. Se ha voglia vi segue, altrimenti fa altro. Deve essere un gioco! Ricordategli che si comincia sempre da sinistra, anzi, le prime volte, potete addirittura mettergli al polso sinistro una cordicella colorata.

Sequenze di lettere e numeri
Quando un bambino, magari verso i 5-6 anni, riconosce le lettere dell'alfabeto e i numeri, potete anche scrivere una sequenza, ripeterla correttamente un paio di volte e dopo inserire qualche inversione e/o saltare qualche lettera per poi riprendere l'ordine corretto iniziale.

Mostrate al bambino tutte le sequenze e invitatelo a individuare quella sbagliata indicandovi dov'è l'errore. Per esempio, potreste cominciare con

A 1 B 2 C 3 D 4 E 5 – A 1 B 2 C 3 D 4 E 5 –
A 1 B 2 C 4 D 3 E 5 – A 1 B 2 C 3 D 4 E 5 –

Usate sempre caratteri grandi e non inserite mai l'errore nella prima né nell'ultima lettera (o numero). Con i bambini più piccoli o disattenti, potete scrivere le sequenze in colonna: così sarà più facile individuare l'errore. Poi, quando avranno appreso il meccanismo, scrivetele in riga.

A B C D E F – A B D C E F – A B C D E F –
5 4 3 2 1 – 5 3 4 2 1 – 5 4 3 2 1

Che cosa manca?

Questo è un gioco abbastanza intrigante e allo stesso tempo divertente che potete fare all'aperto (in giardino, in un boschetto, sulla spiaggia...) o anche in casa.

Prendete una scatola per le scarpe e, con l'aiuto del bambino, racimolate da cinque a dieci oggetti vari: sasso, foglia, legnetto, mora, fiore; oppure matita, temperino, spugna, caramella, anello, chiave... Invitate il bambino a metterli nella scatola uno a uno. A questo punto ditegli di guardarci dentro per quindici secondi. Poi chiudete la scatola, prendetela e, allontanandovi in un posto dove il bambino non può vedervi, togliete un oggetto. Al vostro ritorno il bambino dovrà indovinare l'oggetto mancante. Con un bambino di 4 anni potete mettere solo cinque oggetti fino ad arrivare a dieci o più con un bambino di 6.

Uno, due, tre... dieci!

C'è chi dice che i bambini di pochi mesi abbiano già la capacità di valutare degli insiemi e distinguere la differenza tra due o tre oggetti, e di certo i bambini cominciano a quantificare il mondo che li circonda assai presto.

È tuttavia dopo i 3 anni che il bambino impara davvero a contare, associando i numeri a diverse quantità. Per stimolare vostro figlio in questo apprendimento potete leggere con lui, in modo rilassato e cercando di divertirlo, uno dei tanti libretti specifici per imparare a contare. Un gioco che potete fare con lui verso i 3 anni è quello di costruire insieme il cartellone dei numeri. Comprate un foglio di carta da pacco e del cartoncino nero. Chiedete a vostro figlio di disegnare sul cartoncino 6 cerchi servendosi di un bicchiere e di ritagliarli. Dividete il cartellone in 3 riquadri, scrivete in ognuno la cifra e incollatevi il numero corrispondente di cartoncini. Via via potrete aggiungervi diversi altri oggetti (tipo: 1-2-3 maccheroni, 1-2-3 bicchierini di plastica, 1-2-3 palloncini). Quando il bambino avrà acquisito dimestichezza con i primi tre numeri potrete proseguire con gli altri, fino a 10.

Molto utili per apprendere la sequenza dei numeri sono anche le filastrocche e le conte. Ne esistono moltissime e sicuramente per ognuno di voi riaffioreranno dagli indelebili ricordi d'infanzia. Diversamente potrete fare facilmente una ricerca su Internet.

Conta i sassi

In un cortile con la ghiaia o su una spiaggia di sassi, potete prendere un grosso foglio di carta da pacco, disegnare i numeri da uno a dieci in ordine sparso e stenderlo per terra. A questo punto invitate il bambino a mettere sopra ogni cifra il numero equivalente di sassolini. In montagna, nel bosco o nel prato si possono usare foglie o fiori invece dei sassi. O anche ghiande o castagne da cercare qua e là.

Famiglie di parole

È in questa fascia d'età che il bambino amplia il proprio lessico e acquisisce la capacità di creare sem-

pre più nessi logici tra le parole. Ecco allora un gioco istruttivo, ideale per i lunghi viaggi in macchina, almeno per percorrere divertendosi qualche chilometro. Comincerà il bambino con una parola, poi a turno proseguiranno gli altri dicendone altre che abbiano un nesso con la prima (per esempio, sole, spiaggia, sabbia, secchiello...), creando così una sorta di famiglia di parole. Ai più piccoli che stentano a "ingranare" potete suggerire la parola giusta ponendo qualche domanda: "Che cosa porti in spiaggia per giocare?", "Chi nuota nel mare?"...
Verso i 6 anni potete complicare il gioco chiedendo ai bambini di aggiungere ai nomi un aggettivo: sole caldo, sabbia morbida, secchiello pesante...
Se poi volete, aggiungete un verbo formando così una frase. Per aiutarli, anche in questo caso all'inizio potete porre domande: "Che cosa fa il sole?", "Com'è la sabbia?"... Il sole scalda, la sabbia è morbida...

Comincia con...

Per far acquisire al vostro bambino dimestichezza con i suoni delle lettere, potete giocare a dire tutte le parole che iniziano con un determinato suono. Il bambino tra i 4 e i 5 anni è molto attratto dalle lettere, che per lui rappresentano un mondo oscuro e

misterioso, ma anche bellissimo perché di lettere sono fatti i libri con le storie dei suoi eroi. Vi chiederà allora spesso: "Che lettera è?". Ricordate di non dirgli il nome della lettera (per esempio "emme"), ma solo il suono ("m"): presto, associando i suoni, sarà in grado di riconoscere e leggere semplici parole.
Quando il bambino avrà imparato a riconoscere diverse lettere, fategliele individuare sulla scatola degli alimenti, sulle insegne dei negozi, nei titoli dei quotidiani (attenzione però al contenuto dei titoli!).

Cerca la parola!
Questo gioco sfrutta al meglio la memoria visiva dei bambini.
Sfogliate un suo libretto di storie; in ogni pagina, scegliete tre parole e copiatele in stampatello su un foglio annotando il numero della pagina da cui le avete ricavate.
Date foglio e libretto al bambino che dovrà trovare e sottolineare a matita quelle parole nel libretto.

Caccia alle parole con la...

Se avete in casa un computer e una stampante, potete preparare dei fogli con una lettera in stampatello maiuscolo. Datene uno per volta al bambino e invitatelo a sottolineare tutte le parole che cominciano con una lettera a vostra (o sua) scelta. Poi potrà ritagliarle e attaccarle tutte insieme su un altro foglio. Vi consiglio di cominciare la caccia con una vocale.

Se non avete il computer, scrivete le lettere a mano con un pennarello grosso. In alternativa potete fotocopiare una storia da un giornalino per bambini.

Era una lenticchia...

Le meraviglie della natura non possono che colpire il bambino e la sua immaginazione. Uno dei primi esperimenti da fare con lui e dei quali andrà estremamente fiero sarà quello di prendere una tazzina e mettervi alcune lenticchie o fagioli avvolti in un batuffolo di cotone idrofilo bagnato. Presto germoglieranno e nasceranno delle piantine che trasferirete in un vaso con la terra. Il vostro bambino seguirà le fasi della crescita della piantina con grande gioia, sentendosi l'artefice di qualcosa che vive e cresce di giorno in giorno. Stessa cosa, con altret-

tanta soddisfazione, accadrà con i semi di fiori o con i bulbi, che potrete mettere nella terra in inverno e che sorprenderanno il vostro bambino con bellissimi fiori in primavera, un'attività utile anche per insegnargli l'alternarsi delle stagioni.
E, naturalmente, se avete sul balcone basilico, salvia e rosmarino, mandate il vostro bambino a prenderne qualche fogliolina mentre state cucinando. Si sentirà orgogliosissimo di "provvedere" alla realizzazione della cena o del pranzo di tutta la famiglia.

Quadretti della natura

Per chi vive in città, è sempre bello durante il fine settimana fare una gita anche solo di mezza giornata per raggiungere un lago, un vero prato o un boschetto. Lo è in particolare per chi ha bambini.
Per ricordare queste esperienze piacevoli, si può ricorrere a una semplice "pressa dei fiori".
Prima di partire, prendete un quotidiano che avete già letto e tagliatelo in foglietti grandi circa un ottavo di pagina. Portate con voi in gita queste cartine e due elastici. Durante la passeggiata, invitate i bambini a raccogliere fiori, erbe, foglie. Prima di risalire in macchina, proteggete il raccolto, posizionando tra due foglietti ogni singola foglia o fiore (ovviamente facendovi aiutare dai bambini). Poi fate un plico con

tutto e chiudetelo bene con i due elastici. Appena arrivati a casa, coprirete il plico con un libro molto pesante o con il batticarne e lo lascerete così per un giorno o due in modo che fiori e foglie si asciughino.
Successivamente potrete prendere un foglio da disegno bianco o colorato a piacimento e invitare i bambini ad appoggiarvi sopra fiori e foglie in una disposizione scelta da loro. Non dimenticate di annotare in un angolo luogo e data della gita. Poi coprite il tutto con la plastica trasparente adesiva e appendete il quadretto magari in corridoio o su una parete della stanza dei bambini. Sarà un ricordo bellissimo che potranno pure portare alla scuola materna.

Piccole magie... d'acqua

Tutto ha una spiegazione scientifica, spesso anche complessa, ma agli occhi del vostro bambino sarete dei veri e propri maghi mostrandogli semplici "esperimenti", che diverranno sempre più complessi via via che vostro figlio crescerà. Incomincio qui a indicarvene alcuni che potete fare semplicemente con l'acqua, per insegnargli i diversi stati in cui l'acqua si può presentare: solido, liquido, gassoso.
– Il più semplice, ma decisamente affascinante, è

quello di trasformare l'acqua in ghiaccio nel freezer, tirarlo poi fuori e lasciare che si sciolga. Se metterete 4 cubetti di ghiaccio al sole, di cui 2 in un sacchetto di plastica bianco e 2 in un sacchetto di plastica nero, potrete anche dimostrare che quello nella plastica nera si scioglie prima perché il nero assorbe la luce mentre il bianco la riflette.

– D'estate, in una calda giornata di sole, prendete un piattino di plastica scura e versatevi un cucchiaio di sale. Aggiungete 2 cucchiai di acqua e il sale si scioglierà. Mettete il piatto al sole finché la "magia" si compirà: l'acqua evaporerà e nel piattino resterà solo il sale.

– Un altro gioco molto divertente per il vostro bambino – che vorrà ripetere davanti ai suoi amici per mostrare che è un vero mago – è questo: gonfiate un palloncino, aprite il rubinetto in modo che scenda un filo d'acqua, strofinare per un po' il palloncino sul braccio del vostro bambino e avvicinatelo al filo d'acqua. Il filo d'acqua tenderà a spostarsi verso il palloncino deviando la propria discesa.

– Con l'acqua si può anche fare... musica! Quando il bambino è piccolo potete prendere 6 bicchieri di vetro, riempirli con diverse quantità di acqua e battere piano questi bicchieri con un cucchiaino di metallo: il bambino sentirà la differenza tra suoni gravi e acuti a seconda che nel bicchiere ci sia più o meno acqua. Quando il bambino sarà più grande – magari alla fine di un pranzo nel quale avete utilizzato i bicchieri di cristallo – potete invitarlo a passare il ditino sul bordo dei bicchieri nei quali sarà contenuta una diversa quantità di liquidi: il suono che ne uscirà sarà magico e... da concerto (addiritura il grande compositore Mozart ne ha scritto uno per questo "strumento"!).

Tutto cade verso il basso... o no?

Per far sperimentare la forza di gravità al vostro bambino potete costruire una teleferica: servono uno spago sottile (quello che avete in cucina per l'arrosto va benissimo), una molletta da bucato e due bicchieri di plastica.

Fate passare lo spago nel piccolo foro nella molla della molletta e fissate le due estremità in modo che si crei una leggera pendenza (per esempio un lato alla maniglia della finestra e una sedia). Attaccate quindi i due bicchieri alla molletta, posizionandola nel punto più alto, e utilizzateli per trasportare piccoli oggetti e bamboline.

Potrete però stupire vostro figlio facendo una piccola "magia". Riempite di lenticchie o pastina un bicchierino di plastica, che con due buchi vicino al bordo e un filo avrete trasformato in una specie di cestino. Prendete il "cestino" e incominciate a ruotare il braccio velocemente. Quando avrete il braccio teso in alto, il fondo del bicchierino verso il soffitto e le lenticchie verso il pavimento, le lenticchie non cadranno a causa della forza centrifuga che spinge le cose verso l'esterno.

Comunicare a distanza
Un gioco che diverte sempre molto i bambini. Prendete 2 bicchieri di plastica e uno spago lungo circa 4 metri. Bucate il fondo dei bicchieri con un chiodo o con la punta delle forbici. Infilate lo spago in ciascun bicchiere, facendo un nodo alla fine in modo da bloccarlo. Quando lo spago sarà teso, e quindi sarete a una certa distanza, invitate il vostro bambino ad appoggiare il suo bicchiere vicino all'orecchio: sarà felicissimo di ascoltare la vostra voce e vorrà subito invertire i ruoli.

La fascia d'età tra i 3 e i 6 anni è anche quella in cui la fantasia del vostro bambino si scatena e così la sua voglia di creare nuove forme e sperimentare la magia dei colori e l'uso dei diversi materiali. Ecco quindi i

Giochi creativi

Anziché accendere la televisione per "tenerlo buono", lasciate che vostro figlio esplori le proprie capacità nel mondo della creatività.

Pasta da modellare con la farina

Il vostro bambino avrà certo ricevuto in dono tante scatolette di pasta da modellare dai colori sgargianti, ma vi assicuro che per lui sarà molto più divertente crearla con le proprie mani e in vostra compagnia, partendo da un materiale che ai bambini piace moltissimo (alle mamme un po' meno): la farina. Versate in una scodella due tazze di farina e altrettanto sale fino. Aggiungetevi dell'acqua e amalgamate in modo da ottenere un impasto morbido e non appiccicoso che potrà quindi essere modellato a piacimento dal vostro bambino, e volendo anche colorato con colori naturali (zafferano per il giallo, concentrato di pomodoro per il rosso, cacao per il marrone). A seconda dell'età il bambino creerà forme sempre più complesse.

Fare i biscotti

Farina, uova, burro e zucchero: non potrebbe esserci un misto di ingredienti più appetitoso per un bambino. Incominciate versando la farina sul banco da lavoro. Fatela toccare a vostro figlio, indicandogli le varie qualità (è bianca, è soffice...), poi aggiungete lo zucchero (di cui anche indicherete le qualità, compreso il gusto permettendo al vostro bambino di mettersi un ditino in bocca dopo averlo toccato). Sarà quindi la volta del burro, che avrete lasciato ammorbidire. Il bambino sarà da voi autorizzato a scoprire la consistenza del burro e vi aiuterà a tagliarlo a pezzetti con un cucchiaino. A questo punto sarete voi a fare l'impasto aggiungendo le uova, mostrando al bambino la differenza fra il tuorlo e l'albume. Ottenuto l'impasto, lo stenderete sul banco e con un bicchiere (o, se le avete, con delle formine per biscotti) farete tante forme che metterete in forno per pochi minuti. Per il bambino sarà una vera gioia.

E via con la pizza... o, per le mamme più brave, la pasta!

Ci sono ancora mamme e papà bravissimi che fanno la pizza o la pasta in casa. Ebbene, se siete fra loro, mettete un bel grembiulone al vostro piccolo, tiragli su le maniche e via! Dategli un po' dell'impasto e lasciatelo fare. Se vorrà mettere in forno la sua opera d'arte ben venga, altrimenti lasciatelo manipolare in pace finché non si stanca e dategli poi il suo bel pezzo di pizza!

Collage gastronomici

Un altro gioco molto divertente per il vostro bambino di 3 anni sarà quello di fare disegni servendosi della farina gialla. Prendete un cartoncino nero. Fate disegnare al vostro bambino delle forme con della colla stick su questo cartoncino, quindi versatevi sopra un po' di farina gialla. La colla tratterrà la farina e il bimbo vi mostrerà con orgoglio la sua opera d'arte. A un bambino un po' più grande si potrà invece proporre un'opera più elaborata, utilizzando pasta dalle diverse forme (ruote, farfalline, spaghetti ecc.).

La magia dei colori

Se vostro figlio, a 3 anni, distingue perfettamente i colori, e li chiama con il loro nome, è giunto il momento per insegnargli come dalla combinazione dei colori se ne creino degli altri. Prendete un cartoncino, un pennello e su un piattino versate – distanziandole – piccole quantità di giallo, rosso, blu, bianco e nero. E ora... magia! Con il pennello prendete un po' di blu e mischiatelo al giallo. E poi ancora e ancora: il giallo diventerà un bellissimo verde con cui potrà dipingere un prato. Sarà quindi la volta del rosso e del bianco, dalla cui unione si formerà il rosa per creare tanti fiorellini. Le prime volte magari si sporcherà un po', poi diventerà sempre più abile. Oltre alle tempere potete usare gli acquerelli, che hanno il vantaggio di sporcare meno.

Posso tagliare: che passione!

Intorno ai 4 anni il bambino diventa manualmente molto più abile. È il momento della scoperta delle forbici (naturalmente solo quelle con la punta arrotondata). Potete prendere cartoncini di vari colori (o anche tovaglioli colorati) e farglieli tagliare a striscioline con le quali fare un collage (tante striscioline di diverse tonalità di blu, azzurro e bianco possono diventare un bellissimo mare).

Con le forbici potete anche far tagliare dei fili di lana, da far cadere su un foglio sul quale avrete in precedenza passato uno strato di colla in modo che li trattenga.

Dal mio vaso nasce una nespola!

Se avete sul balcone un vecchio vaso di terracotta che non usate più, lavatelo bene, fatelo asciugare al sole per qualche giorno. Poi date al vostro bambino dei pennarelli indelebili e lasciate che disegni sul vaso quello che vuole. Diventerà bellissimo e il bambino ne sarà orgoglioso. Lui stesso potrà poi usarlo per piantare un seme, per esempio un nocciolo di nespola. Sarà un'enorme soddisfazione veder spuntare la piantina, fare il fiore e poi persino il frutto!

Sonagli a vento

Ecco l'occasione per fare insieme con i bambini quei simpatici *wind chimes* (sonagli a vento) che vediamo appesi di solito nelle campagne anglosassoni, ma che piacciono anche a noi (a me sì, tanto!). Sarà anche un modo per utilizzare tutte le vecchie chiavi che avete in casa, quelle che non sapete più quale magica porta aprano, ma non vi convincete a buttar via.

Ebbene, basta prendere una tavoletta di legno di circa 10 cm di diametro o di lato e, con un grosso chiodo, praticarvi un buco in mezzo e tanti altri tutti attorno quante sono le chiavi che avete. Prendete poi del filo di nylon (la corda stando all'aperto si di-

sfa); infilate il filo in ogni chiave e poi fermatelo nei buchi fatti intorno. Dal buco centrale farete scendere invece una cannetta di metallo o un pezzo di metallo un po' più grande delle chiavi.
Ecco fatto: al vento il vostro *wind chime* suonerà con voce gentile ricordandoci un momento sereno... provare per credere! Appendetelo sul balcone, sullo stipite della finestra della cucina o della camera dei bambini che ne saranno certo contenti. Potete anche metterlo sotto lo stipite in alto della porta della cucina e chi passa lo farà suonare con una carezza.

E poi ci sono tutti i giochi di movimento, quelli che avete sempre "a portata di mano" perché i bambini hanno costantemente voglia di muoversi. Oltre a continuare a praticare i grandi classici intramontabili (girotondo, nascondino, salto alla corda, palla prigioniera...), stimolate sempre i bambini a fare un po' di ginnastica (fa bene anche a voi!) e, al sabato e alla domenica, trascorrete almeno un'oretta al giorno a fare jogging in un parco o ai giardinetti del quartiere: tutta la famiglia insieme a divertirsi e a occuparsi della propria salute! Se darete questa buona abitudine ai vostri figli, continueranno a coltivarla anche da adulti. In fondo è un modo divertente di essere responsabili di se stessi!

Ma ora vediamo appunto alcune

Attività di movimento 

Siete pigri? Non siete certo degli atleti? Non c'è problema, quelle che vi propongo sono attività salutari e alla portata di tutti che vi faranno sentire meglio. Cominciate e vedrete che, a poco a poco, gli esercizi e le brevi corse diventeranno meno gravose e più gratificanti. E sicuramente saranno sempre molto meno costose di una passeggiata al centro commerciale!

Inoltre, non dimentichiamolo, l'attività di movimento è efficacissima nel risolvere nei bambini, e negli adulti, momenti di tensione e nervosismo.

Al mattino

Per cominciare bene la giornata, potete svegliare dolcemente il vostro bambino incominciando a "salutare" le varie parti del suo corpo e chiedendo che le muova in risposta, un gioco utile anche per insegnargli i nomi corretti in un momento di scoperta di sé (così come la differenza fra destra e sinistra). Inizierete dalle mani, le più semplici da muovere anche nel dormiveglia, e via via che si sveglierà gli farete fare cose più complesse: per esempio: "Ciao mani...", "Ciao mano destra...", "Ciao dito indice...", "Ciao gamba sinistra, ti allunghi e ti pieghi per salutarmi?", e così via.

Una volta sveglio e alzatosi, voi e lui potrete fare insieme alcuni saltelli a pie' pari (dieci all'incirca, par-

tendo anche da due e aggiungendone uno o due per giorno) e un po' di stretching vicino allo stipite della porta. In questo secondo esercizio potete far mettere il bambino in punta di piedi davanti allo stipite con le braccia alzate ed estese al massimo. Mentre è in questa posizione, segnate con una matita dove arriva la punta del dito medio. Nel giro di un mese supererà il primo segnale e si sentirà... "grande"! Potete dirgli che è cresciuto perché ha fatto sempre colazione.
Se poi a questo aggiungete – sempre per grandi e piccini – l'esercizio di abbassarsi fino a toccare la punta dei piedi senza piegare le ginocchia e due minuti di corsa sul posto (da aumentare fino a cinque al giorno)... altro che palestra! Già dopo una settimana vi sentirete tutti meglio! Se non ve la sentite tutte le mattine, fatelo almeno un giorno sì e uno no oppure alternatevi tra mamma e papà.

Pallacanestro senza danni

Con lo stesso sistema della carta di giornale illustrato nella Scatola n. 1 – *Il gioco dei serpentelli* (cfr. p. 83), potete fare delle palle grosse circa quanto quelle da tennis: infilate le strisce di carta di giornale appallottolata in un sacchetto di carta e chiudetelo con lo scotch. Sono palle leggere e che non pos-

sono provocare danni: prendete un cestino della carta straccia, un fustino di detersivo vuoto, un grosso barattolo, il portaombrelli e invitate il bambino a giocare a pallacanestro da diverse distanze. Ogni tanto tirate qualche pallina anche voi: vedrete come si divertirà quando sbagliate mira.
Una versione simile, per abituare il bambino a coordinare i propri movimenti, è quella di creare un canestro con una bottiglia di plastica. Prendetene una e tagliatela a metà – eventualmente potrete mettere dello scotch sul bordo per evitare che si tagli. Bucate il fondo della bottiglia e infilatevi uno spago, annodando l'estremità in modo che non sfugga. Fate fare al vostro bambino una pallina di carta con il foglio di un giornale e legate l'altra estremità dello spago alla pallina. Tenendo in mano la bottiglia, con il solo movimento del braccio il bambino dovrà cercare di fare canestro.

Quanti passi devo fare?
Questo è un vecchio gioco. Occorre essere almeno in tre. Un giocatore prende il ruolo della "regina" e si gira contro un albero o un muro. Gli altri chiedono: "Regina, reginella quanti passi devo fare per arrivare al tuo castello bello bello?". Sempre girata, la mamma dice: "Tre da leone (grandi balzi), dieci da

formica (con un piede attaccato all'altro), uno da canguro (grosso salto in avanti a pie' pari), tre da gambero (all'indietro) ...". La regina conta a voce alta i passi e si gira. Se vede qualche giocatore ancora in movimento, questi deve tornare alla linea di partenza. Vince chi arriva prima dalla regina e prende il suo posto.

Un, due, tre... stella!

Un altro vecchio gioco cui sicuramente anche voi avrete giocato molte volte, ma sempre valido per coordinare i propri movimenti. Potrete far giocare il vostro bambino anche se è solo. Dovrà percorrere un certo spazio (il soggiorno di casa dalla porta alla parete, oppure la cucina, mentre state cucinando e lui si annoia) muovendosi mentre – senza che lo guardiate – pronunciate "Un, due, tre" e fermandosi mentre, ora sì guardandolo, pronunciate "Stella!".

Sacco pieno... sacco vuoto!

Un altro gioco di movimento che diverte sempre i bambini, specie se sono in compagnia. Immaginando che i bambini siano "sacchi", quando il bambino sarà in piedi il sacco sarà pieno, per terra sarà vuoto, con le gambe più o meno piegate sarà quasi pieno o quasi vuoto. Alternerete queste indicazioni (o le ripeterete per sollecitare la loro attenzione) in modo sempre più rapido e i bambini dovranno alzarsi o piegarsi finché non sbagliano e vengono eliminati. Vince l'ultimo che rimane perché non ha mai fatto errori.

Ecco, in conclusione vorrei riepilogare i concetti che a mio avviso devono stare alla base dei giochi e delle attività per i bambini fino ai 6 anni circa:

- è indispensabile giocare insieme, mai nel senso di "fare" al posto dei bambini ma di "condividere" il loro gioco e le relative emozioni.
  Non costruite la torre al posto loro: fatene una insieme oppure una per ciascuno lavorando vicino. Magari all'inizio costruite una torre come la sua, di soli due cubetti, e siate felici quando ve la butta giù.
- non è quasi mai necessario comprare giochi nuovi ma è sempre utile rivedere magari lo stesso gioco in una luce diversa. Le mollette della biancheria sono, di volta in volta, colori, pupazzetti che stanno in piedi e in fila, bocche di animaletti che mordono, mollette per appendere disegni bellissimi...
- il gioco crea benessere: godetevelo insieme con il vostro bambino. Quando il tempo per stare insieme è

poco, anche una semplice filastrocca buffa può essere un bellissimo gioco! E poi la quotidianità può diventare gioco, visto che anche apparecchiare e sparecchiare la tavola insieme può essere divertente!

Con le attività che ho illustrato in questi primi due capitoli, il vostro bambino avrà sicuramente fatto proprie, attraverso il gioco, esperienze importanti come:

– esplorare il mondo che lo circonda, in casa e fuori;
– affrontare alcune paure capendo che si possono superare (è caduto e si è rialzato, ha fatto cadere l'acqua e ha asciugato per terra, ha spento la luce e l'ha riaccesa...);
– distinguere i colori (ne avrà anche uno preferito);
– manipolare oggetti e materiali;
– usare la sua immaginazione;
– raccontare una storia e ascoltarla da voi;
– "sentire" e riconoscere i rumori e la musica;
– chiedere il "perché" di cose e avvenimenti attendendosi risposte esaurienti ma alla sua portata;
– contare e misurare (a suo modo);
aspettare un risultato e una gratificazione;
– completare un puzzle;
– correre e saltare;
– riconoscere le emozioni dal viso e dalle espressioni delle persone.

E probabilmente un milione di cose in più! È per questo che un bambino di 6 anni è veramente affascinante e ci dà tante tante soddisfazioni. Godiamocelo giocando, facendo, sciogliendo insieme la matassa della nostra vita per realizzarne un meraviglioso ricamo.

3

Giocare da Bravi Sportivi (6-10 anni)

Tutti i giochi che ho illustrato finora continuano a essere validi anche negli anni successivi. Naturalmente il genitore deve via via adattarli perché la comunicazione con i figli deve rendersi nel tempo più complessa e profonda. Con questo non intendo più elaborata, soprattutto in materia di giochi, ma semplicemente adatta all'età. Per i bambini che hanno già compiuto i 6 anni le parole hanno ormai un significato concreto e, allo stesso tempo, spesso aderente a sensazioni interiori. In questa fase – che corrisponde al periodo della scuola primaria – il bambino diventa più sagace, accetta facilmente anche l'umorismo corretto e divertente. Mentre dai 3 ai 6 anni l'impegno maggiore era costituito dall'imparare a condividere (magari anche solo con gli adulti e poi gradatamente con i coetanei), dai 6 in avanti i ragazzini si sono ormai resi conto che esistono regole in base alle quali il mondo intero si muove e che ci sono "riti" tipici del loro mondo personale e degli altri ambienti con cui vengono a contatto. In altre parole, a quest'età i bambini sanno o chiedono come vanno fatte le cose e desiderano farle bene perché vogliono essere capaci e vincere, cosa che ai loro occhi significa "aver saputo fare la cosa giusta".

Ecco perché nelle famiglie in cui ci sono fratellini piccoli, il nostro bambino, che ormai frequenta la scuola primaria, spesso sarà contento di ripetere i giochi della sua infanzia. Questo non è affatto un limite, anzi! È un modo per esercitare due importantissime attitudini: la collaborazione e la compassione. Vedrà la mamma che aiuta il piccolo a imparare e ad avere successo, mentre lui stesso darà una mano alla sorellina. Perciò collaboreranno e "faranno fatica insieme" (in questo senso parlo di compassione: compatire vuol dire patire, quindi far fatica, insieme) per poi riuscire, imparare e trovare soddisfazione in ciò che hanno realizzato.

La compassione è un'attitudine oggi quasi dimenticata, ma è fondamentale per far funzionare le cose e per essere felici perché tutto funziona meglio se fatto insieme!

Cominciamo allora da un primo passo importantissimo nella fascia d'età 6-10 anni: imparare a rispettare le regole. Non c'è modo migliore che lanciarsi in appassionanti

Costruzioni delle regole

Chi ha letto i miei libri precedenti sa già quale importanza io attribuisca al fatto che i bambini imparino le regole. Certo non possiamo pretendere che le conoscano già dalla nascita. A 2 anni il bambino non sa vestirsi da solo, a 3 probabilmente non è capace di allacciarsi le scarpe, a 4 non sa che non può bere alcolici, a 5 ignora quanto vale il denaro... Insomma, non conosce le regole del gioco. Ma, prima ancora, deve imparare che le regole esistono e che, se si vuole star bene con se stessi e con gli altri, vanno rispettate. Io sono sempre stata abbastanza drastica in questo, sia con i miei figli sia con i miei numerosi alunni a scuola e – scusate la presunzione – penso di aver fatto bene, tanto che molti ex allievi mi cercano ancora dopo anni.

Ma veniamo a questi giochi che, proprio dai 6 anni in avanti, aiutano i bambini a scoprire il valore delle regole. Naturalmente con il vostro aiuto.

Il "nostro" gioco dell'oca

Prendete un normale gioco dell'oca, composto da un tabellone con un percorso a caselle numerate, due dadi e sei segnalini. È importante che su alcune caselle del percorso siano scritte delle regole: fermi un giro per attraversare lo stagno, tornate al via perché avete incontrato il lupo, saltate cinque caselle perché il prato è morbido...

In una partita normale, quando tutta la famiglia comincia a giocare, può capitare che vostro figlio (6 anni) non accetti di rispettare le regole: se ha fatto cadere il dado per terra e ha ottenuto un punteggio basso, chiede di ritirarlo, oppure si ribella se il suo segnalino finisce su una casella che lo rimanda al via. Infatti, il bambino "inesperto di regole" non accetta nemmeno quelle più elementari, perché si sente forte e capace di vincere sempre. Questo vale soprattutto per quelli vivaci e iperattivi.

Ebbene, il "nostro" gioco dell'oca è finalizzato proprio a far decidere a lui (o a loro, se i bambini sono tanti) le regole. Vediamo come.

Dopo aver fatto due o tre giri con le regole prestabilite, invitate il bambino a cambiarle e a stabilirne di proprie. Probabilmente proporrà che, se il dado cade dal tavolo, si possa tirare ancora e aggiungere quei nuovi punti; oppure che si torni al via solo una volta; o ancora che al laghetto non ci si fermi perché le ochette sanno nuotare benissimo.

Accettate tutte le sue regole e mettetevi a giocare. Dopo qualche giro, quando noterà che anche voi genitori non vi fermate al laghetto e ritirate il dado se cade a terra aggiungendovi i punti, e magari vincete proprio con le sue regole, forse chiederà di tornare a quelle vecchie scritte sul tabellone! O, almeno, avrà capito una verità fondamentale: le regole valgono per tutti.

Se volete semplificare le cose, prima di iniziare a

giocare componete voi, insieme a lui, due o tre regole (non di più all'inizio; potete comunque aggiungerne poi una o due a ogni giro) e scrivetele su un foglio che porrete bene in vista. Il bambino capirà così quanto sia, e debba essere, vincolante la regola messa da lui stesso. Dopo un paio di giri potrete far scegliere una regola a ogni partecipante e, finalmente, sarà proprio vostro figlio a chiedere di seguire quelle scritte sulla scatola. Ma avrà comunque imparato che di regole ne esistono sempre quando si deve fare anche un semplice gioco e, soprattutto, quando si condivide un'attività; d'altro canto, la scuola è un'attività condivisa, impostata su alcune regole per il bene di tutti.

La tavola ben apparecchiata (o il letto ben fatto)
Molto spesso i bambini sono svogliati nel dare il loro contributo al ménage domestico, per esempio nell'apparecchiare o nel riordinarsi la stanza. Come ho mostrato nei capitoli precedenti, queste attività quotidiane possono essere presentate sotto forma di gioco. E, dai 6 anni in avanti, quando è bene che vengano acquisite, possono presentare delle... regole!
Una domenica o un giorno in cui avete tempo, illustrate per bene al bambino, o ai bambini, le regole

per "apparecchiare la tavola perfetta", secondo le vostre abitudini o magari mostrandogli gli schemi che vengono riportati nelle prime pagine di alcuni libri di cucina: la forchetta a sinistra, il bicchiere in alto a destra, oliera e salino in tavola se c'è l'insalata, un panino per ogni commensale in alto a sinistra... Usate sempre un tono sereno, accettando anche l'eventuale disagio momentaneo del bambino. Poi, allenatelo a ogni pasto, lasciando che sia lui ad accorgersi delle sue eventuali manchevolezze (si mangia l'insalata e non c'è il salino in tavola): vedrete che presto le noterà da solo; è indispensabile, infatti, che si renda conto personalmente delle conseguenze delle proprie azioni.

Lo stesso gioco può essere ripetuto per il rifacimento del letto o il riordino della cameretta. E presto i bambini acquisiranno precisione e autonomia in casa.

Ricordatevi però sempre di usare il rinforzo positivo che può essere semplicemente un "Grazie!", un "Bravo!" o una pacca sulla spalla e un bel sorriso.

La redazione sportiva

Il modo migliore per trasmettere ai nostri figli il senso profondo delle regole e per farne Bravi Sportivi (cfr. più avanti pp. 144-155) è senz'altro dimo-

strare di conoscerle noi stessi. Inventatevi quindi occasioni per parlarne. Una delle più semplici, divertenti e spontanee è quella di fingersi giornalisti sportivi che discutono le ultime partite.
Dedicate qualche momento di qualità alla squadra del cuore (qualsiasi disciplina va bene), leggendo insieme con i vostri figli su un quotidiano sportivo i commenti che ne sono stati dati: troverete osservazioni sia sulle prestazioni degli atleti, sia sul comportamento dell'allenatore, dei giocatori e degli arbitri. Sono proprio queste ultime osservazioni che interessano di più, perché mettono in luce come in qualsiasi sport ci siano ruoli (allenatori, arbitri, giocatori...) che troviamo anche nella vita (educatori, insegnanti, dirigente scolastico, ragazzi...). Poi, prendendo spunto dalla cronaca di un fallo a cui ha fatto seguito un'ammonizione, parlate dunque con i ragazzi del significato delle regole del gioco e del perché debbano esserci. Discutete insieme e fatevi un'opinione.

L'intervista (per genitori)

Premetto che questa attività è diretta ai genitori e utile soprattutto quando si trovano di fronte a bambini insofferenti alle regole e con disturbi del comportamento. Spesso in questi casi c'è alla base una difficoltà di comunicazione tra genitori e figli. Ebbene, care mamme e cari papà, l'intervista che qui vi propongo (semplificata rispetto a quella che in genere utilizzo nei miei corsi per genitori) vi servirà per rendervi conto delle dinamiche che si instaurano tra voi e i vostri figli per quanto riguarda le regole, in occasione di attività ludiche e non (per esempio anche nel fare i compiti e nell'apparecchiare la tavola).

Questa tabella vi sembrerà forse molto fiscale, ma se la seguirete vi accorgerete che imparerete a dialogare correttamente con i vostri figli di questa fascia d'età. A poco a poco lascerete loro lo spazio giusto per imparare a fare da sé, rendendovi conto di quante occasioni di confronto sereno avevate invece perso precedentemente. È uno strumento per osservare vostro figlio sotto una luce molto diversa, decisamente più positiva.

Avete lasciato scegliere al bambino l'attività o il gioco da fare? (Il bambino deve essere contento di organizzarsi.)	*Che cosa ha scelto di fare?*	*Era contento?* (Da 1 a 10)

Gli avete lasciato (fatto) dire le sue regole? (Il genitore può dare qualche suggerimento, ma solo dopo che il bambino si è espresso.)	*Quali regole ha stabilito?* (Citarne almeno due.)	*Gli è stato facile?* (Da 1 a 10)
Gli avete prestato la massima attenzione? (Il bambino deve sentirsi preso seriamente in considerazione.)	*Sì* *No*	*Quanto?* (Da 1 a 10)
Avete fatto una radiocronaca positiva?	*Sì* *No*	*Quanto positiva?* (Da 1 a 10)
Avete partecipato volentieri al suo gioco o attività?	*Sì* *No* *Come?*	*Quanto volentieri?* (Da 1 a 10)
Siete riusciti a non interferire con le sue regole? (Il bambino deve capire da solo le conseguenze.)	*Sì* *No*	*Quanto?* (Da 1 a 10)

Siete riusciti a non "insegnargli come si fa" o a non "giudicare" il suo gioco o attività?	*Sì* *No* *Perché?*	*Quanto?* (Da 1 a 10)

A 6-7 anni i ragazzini sono già molto abili con le mani e lo diventano sempre più con il passare del tempo. Possiamo sfruttare e potenziare questa abilità con le attività seguenti che hanno principalmente lo scopo di sviluppare lo spirito di collaborazione in famiglia. Vi consiglio di valorizzarle fornendo al ragazzino un'attrezzatura completa: una scatola o cassetta degli attrezzi, uno straccio per ogni emergenza, un paio di guanti da lavoro, cacciavite e martello o altri strumenti necessari e un paio di occhiali di protezione (vanno bene anche gli occhialini da piscina perché coprono adeguatamente nel caso in cui qualcosa schizzi in faccia al bambino ancora maldestro mentre lavora). Ecco dunque i

Giochi dei piccoli artigiani

Un altro vantaggio di questi giochi è che sono sempre a portata di mano. In quale casa non c'è spesso qualche riparazione da fare? O non potete facilmente "inventarvi" che il pavimento di legno in quell'angolo va lucidato con la cera?

Oppure che la cornice d'argento della nonna deve essere pulita accuratamente con uno straccetto di lana? O ancora che i barattoli sulla mensola del bagno vanno ordinati dal più alto al più basso in modo che non coprano tutto lo specchio?

Il piccolo falegname

Le maniglie di un cassetto si sono allentate? Ebbene, date al bambino un cacciavite e, senza mai perderlo di vista, invitatelo ad avvitarle. Lasciate che si arrabatti; a prescindere dal risultato, ringraziatelo se si è impegnato, senza mai criticare quello che ha fatto, e rinforzatelo dicendogli che voi proprio non avevate tempo né sareste stati capaci.

Verso gli 8-10 anni potete chiedere anche di più: magari di rivedere tutta la cassettiera o persino di attaccare un quadro in camera sua.

Il piccolo giardiniere

Avete comperato un vasetto di basilico e dovete trapiantarlo in un altro vaso più grande? Stendete alcuni fogli di giornale per terra, date al bambino tutto l'occorrente (vaso, paletta, sacchetto di humus) e lasciate a lui il compito.

Lo stesso vale quando dovete piantare i gerani nelle cassette o dare il concime ai fiori.

Il piccolo elettricista

Ci si può persino far aiutare dal bambino a cambiare una lampadina! Basta avere l'accortezza di staccare la corrente generale. Fatto questo, potrà essere lui a svitare la lampadina vecchia e a riavvitare quella nuova. Questo gioco lo farà sentire grande!

Il piccolo tecnico

In questa fascia d'età i bambini sono velocissimi nell'apprendere le cose e hanno un'innata predisposizione verso le novità dell'elettronica, comprendendo il loro funzionamento all'istante. Coinvolgete pertanto vostro figlio quando acquistate un nuovo cellulare o altre meraviglie della tecnologia o anche semplicemente quando arriva in casa la nuova lavatrice o lavastoviglie!

Il piccolo cuoco

Ovviamente il bambino potrà essere coinvolto nel cucinare. Potete insegnargli le preparazioni quotidiane più semplici e poi, quando avete tempo, lan-

ciarvi tutti insieme in qualche pietanza più complessa, magari cucinata come fa la nonna o faceva la bisnonna.
Per esempio, un giorno fate gli gnocchi in casa! Basterà lessare le patate, fare a gara a sbucciarle tutti insieme quando si saranno raffreddate, farle passare dal bambino al passapatate, e poi lasciare che si diverta a impastarle con la farina, un uovo e un pizzico di sale. Una volta che l'impasto sarà omogeneo, invitate il bambino a farne tanti serpentelli, e... via a tagliare gli gnocchi con il coltello per poi passarli sulla forchetta o sulla grattugia. E che pacchia a cena!
Una sera invece farete insieme gli gnocchi con il semolino (una versione semplificata di quelli alla romana), mettendo sul pentolino un litro di latte, una noce di burro e due cucchiai di parmigiano. Invitate vostro figlio a versare la busta del semolino nel latte quando sarà caldo e, sempre sotto la vostra supervisione, a mescolare finché il composto non avrà preso consistenza. Stendetelo poi su piatti grandi e, una volta raffreddato, il vostro bambino si divertirà a fare gli gnocchi con un bicchiere.
Non mi dilungo. Ci sono infatti molti libri e riviste di cucina che suggeriscono ricette facilissime che potete preparare con i vostri figli: il trucco sta nello scegliere quelle che poi a loro piace gustare. Inoltre, durante la preparazione voi dovete essere

allegri e non critici, assistendoli sempre con un sorriso e mai con impazienza.
Verso i 10 anni, se il bambino sarà diventato abile in cucina, potrete persino stabilire un giorno della settimana in cui si incaricherà di cucinare. In questa fase, evitate di criticare le ricette, semmai esprimete le vostre preferenze, che sono sempre lecite (del resto la regola dice che è sufficiente che ognuno mangi almeno un cucchiaio di ciascuna pietanza).

Il piccolo vivandiere
Si tratta di giocare a trovare che cosa manca in dispensa, stilare e ricordare la lista della spesa.
Verso i 9-10 anni potete poi anche andare al supermercato insieme. Lì voi aspetterete all'inizio di una corsia, mentre vostro figlio andrà a prendere i prodotti elencati nella lista, riponendoli nel carrello dopo averne verificato la data di scadenza. Naturalmente, stendendo la lista a casa, avrete dovuto anche specificare il peso e la marca dei prodotti desiderati: questo vi avrà per di più offerto lo spunto per una vera e propria lezione di economia domestica, di matematica e addirittura di educazione alimentare, con cenni pure di geografia (i Paesi di origine dei vari prodotti possono essere controllati sull'atlante) e meteorologia!

Non spaventatevi però se tutto questo vi sembra troppo. Nel fare la lista potete anche esaminare un solo prodotto per volta e parlarne mentre spingete il carrello o mentre fate il tragitto in macchina verso il supermercato. Alla sera il papà, insieme con il ragazzino, potrà verificare su Internet quanto è stato detto: scommettiamo che vostro figlio diventerà presto il primo della classe? Tutto merito della spesa settimanale al supermercato!

E adesso passiamo a un altro momento importante che abbiamo già visto nelle fasi precedenti: il movimento!

Anche se spesso vi sembra che i vostri ragazzini non si fermino mai un attimo (non stanno seduti a tavola per la durata della cena; mentre fanno i compiti, le gambe vanno su e giù; leggono e intanto si rotolano sul tappeto...), in realtà in genere non si muovono abbastanza. E questo va a scapito della loro salute. In questa fascia d'età, infatti, hanno necessità di giocare all'aperto almeno per un'ora al giorno. Per chi vive in campagna è più facile creare le condizioni. Ma in città? Cari genitori, organizzatevi! I condomini e gli oratori hanno di solito un cortile; bene, accordatevi con altre mamme e altri papà per fare turni di sorveglianza in modo che i ragazzini possano giocare all'aperto tutti i giorni. Potete anche organizzare una riunione condominiale, e successivamente una riunione dei bambini stessi, per stabilire le regole del cortile: non si esce dal cancello, non si lasciano entrare estranei se non con l'autorizzazione dei genitori, si gioca a pallone solo in questa zona, non si strappano fiori e piante, non si abbandonano rifiuti per terra, non si scrive sui muri, si ubbidisce immediatamente alle ingiunzioni dei genitori che assistono ai giochi.

Quando i bambini hanno 6-7 anni, cominciate a portarli ad assistere ad allenamenti di coetanei nei vari sport di squadra (pallavolo, basket, calcio...) e, se è nelle vostre possibilità, iscrivete vostro figlio o vostra figlia a un corso nella specialità che più gli o le interessa.

Far parte di una squadra – quella che si è formata spontaneamente (o grazie a papà volonterosi) in cortile o anche quella del corso di pallavolo – è un momento di socializzazione molto importante. Se ben gestita, la squadra aiuta a sentirsi "parte di", allena a vincere e a perdere con serenità, insegna a superare le difficoltà, a riconoscere e accettare correttamente il valore dell'altro e, allo stesso tempo, a mettere a disposizione altrui le proprie capacità personali.

Vediamo allora alcuni

Giochi di movimento 

Molte delle proposte che seguono rispecchiano da vicino giochi tradizionali che, alla fine, sono sempre i più amati dai ragazzi di questa fascia d'età. Quello che, nel praticarli, fa la differenza è che i genitori partecipino. Se poi invitano anche altri bambini del cortile o i compagni di classe, acquista ulteriore valore. Quindi...

Ruba bandiera "geografico"

Tutti conosciamo il gioco "ruba bandiera", sempre valido per far divertire i bambini su un prato. Vi propongo una variante. Valgono le stesse regole, ma in questo caso il banditore (adulto) non chiama i numeri, bensì alcune città capoluogo di provincia d'Italia (che saranno state precedentemente assegnate seguendo un ordine da nord a sud).

I bambini chiamati non si dovranno solo precipitare a prendere la bandiera, ma afferrandola dovranno anche dire correttamente il nome della regione in cui si trova il "loro" capoluogo, per esempio Milano-Lombardia, Firenze-Toscana. Palermo-Sicilia...

Calpesta la coda

Procuratevi un pezzo di corda lunga circa un metro per ogni giocatore, che la attaccherà ai pantaloni con una molletta come se fosse una coda.
Al vostro "Via!", tutti i bambini e anche voi genitori comincerete a correre, cercando di pestare la coda agli altri ed evitando di far pestare la vostra. A mano a mano verranno eliminati i giocatori che perdono la coda, mentre vincerà chi sarà riuscito a conservarla.

La penna nella bottiglia

Questo è un gioco da fare quando vi incontrate con la famiglia dei cuginetti o di un compagno di classe di uno dei vostri figli. Dividetevi in due squadre da almeno tre bambini ciascuna e disponetevi in cerchio, ognuno con le mani sulle spalle dei giocatori ai propri fianchi. Tagliate a metà una bottiglia di plastica e ponetela al centro del cerchio. Alla fronte di ciascun giocatore legate uno spago. Tutti gli spaghi dei giocatori di ogni singola squadra dovranno poi essere legati insieme, e dal nodo che ne risulterà dovrà pendere un altro spago con attaccato al fondo un peso (una penna, un sasso, un bicchierino di plastica). Al "Via!" ogni squadra dovrà tentare di infilare questo peso nella bottiglia, senza aiutarsi con le mani ma solo muovendo le gambe, il busto, la testa... Vincerà la squadra che per prima riuscirà nell'impresa.

Caccia al tesoro

È sempre un bellissimo gioco da organizzare velocemente, anche in un qualsiasi pomeriggio festivo di pioggia. Anzi, potete persino preparare il percorso e i bigliettini in un altro momento e tenerli così sempre a disposizione. A seconda dell'età dei partecipanti, scrivete indicazioni molto chiare (per i più piccoli possono essere disegni), scegliete percorsi non pericolosi e soprattutto oggetti che i bambini possono toccare liberamente.

Fate in modo che il "tesoro" sia un premio maggiore per il vincitore, ma che nel "bauletto" (può essere anche un semplice sacchetto) siano contenuti anche premi di consolazione che il vincitore distribuirà a tutti i partecipanti (imparare a condividere!). Per esempio, se il primo arrivato riceve una barretta di cioccolato, gli altri avranno un cioccolatino o una caramella; quando il vincitore merita una scatola di pennarelli, a ciascuno degli altri andrà un evidenziatore di un colore a scelta.

Datemi una bussola e girerò il mondo!

Con i bambini di questa fascia d'età si possono già fare interessanti giochi che sviluppano la loro capacità di orientarsi.

In genere, al terzo anno della scuola primaria vengono introdotti i quattro punti cardinali. Quando i bambini li hanno assimilati, può essere divertente dotarli di una piccola bussola (la trovate facilmente in cartoleria o dal ferramenta) e accompagnarli a fare dei percorsi anche semplicemente nel cortile di casa, in un giardinetto di città o, se ne avete il tempo, in un boschetto o in un paesino di collina. Vi consiglio di affrontare la passeggiata con due o tre bambini, magari vostro figlio e un paio di compagni di classe o i cuginetti. Potete preparare loro un foglio per ciascuno con percorsi differenti che però partono e arrivano nello stesso punto.

Il testo di uno di questi percorsi potrebbe essere: "Fai dieci passi verso nord, gira a est e fai trenta passi, voltati ancora verso nord e, dopo tre passi, verso ovest e fai trenta passi, volgiti a sud e fai dieci passi. Sei arrivato!".

A un bambino più piccolo potete dare indicazioni più semplici e brevi: "Fai cinque passi avanti, girati a destra (cordino blu al polso) e fai cinque passi, voltati a sinistra (cordino rosso al polso) e fai cinque passi, torna indietro di dieci passi, girati a destra e fai cinque passi: sei arrivato!".

Naturalmente se non siete nel cortile di casa o in un luogo ben conosciuto da tutti, dovrete essere in due a tenere sott'occhio i ragazzini, ma è un gioco entusiasmante che diverte moltissimo anche se i bambini perdono la strada. Inoltre potete dar loro in dotazione un fischietto: così, se saranno in difficoltà, vi chiameranno (vi suggerisco di dare ai bambini un fischietto anche quando andate tutti insieme a fare una gitarella; è uno strumento utile per ritrovarsi facilmente quando loro corrono avanti e indietro).

Nascondino (ma entro i confini)

Anche in questa fascia d'età il nascondino resta un bellissimo gioco da fare, soprattutto in spazi aperti che però è opportuno delimitare per non correre rischi. Immaginate dunque di essere andati a fare un picnic su un prato circondato da un bosco: ponete la regola di non inoltrarsi nel bosco in nessuna direzione per più di cento passi dalla tovaglia del picnic. Potete segnare il confine facendo una piccola scalfittura sui tronchi degli alberi. E non dimenticate di dare a tutti il solito fischietto (cfr. il gioco precedente).

Se poi c'è qualche bambino un po' più piccolo è importante che giochi in coppia con un altro più grande.

La corsa a ostacoli

Questo è un bellissimo gioco di movimento facilmente organizzabile anche in un cortile e avendo a disposizione magari solo una palla, una corda, uno sgabellino o una sedia, un po' di giacche o, semplicemente, qualche cespuglio basso.

Stabilite un percorso prevedendo gli ostacoli (le cose appena menzionate) in modo che tutti i concorrenti siano in grado di saltarli ciascuno a modo proprio. Potete gareggiare partendo tutti insieme oppure far correre un ragazzino per volta misurando il tempo con un cronometro o anche con un semplice orologio che abbia la lancetta dei secondi.

Salto in alto

Scegliete preferibilmente un prato morbido. Due persone reggono con delicatezza, in modo che possa cadere al minimo tocco, una corda tesa posizionandola ad altezze diverse. I concorrenti si alterna-

no a saltare man mano che la corda viene alzata. Vince chi salta più in alto.
Con i ragazzini di 9-10 anni si possono anche stabilire diversi stili di salto mentre con i piccoli bisognerà lasciarli saltare a modo loro, a volte anche suggerendo lo stile migliore per le loro caratteristiche fisiche.

Grandi classici che non stancano mai
Quando ci si ritrova in un piccolo gruppo di bambini tra gli 8 e i 10 anni e adulti, la cosa più semplice è far cominciare senza tanti battibecchi una partita di calcetto, di basket (anche due rami di un albero possono fungere da canestro!) o di pallavolo (la corda tesa tra due alberi può fare le veci della rete): in genere i ragazzini conoscono già questi giochi perché spesso li praticano a scuola nelle ore di educazione motoria. Basta solo focalizzarsi velocemente su qualche regola principale ed è fatta!
Per di più sono giochi di gruppo in cui si possono e si devono mettere in atto tutte le qualità del Bravo Sportivo!

Nei miei libri precedenti ho illustrato ampiamente la strategia del Bravo Sportivo (cfr. *Fate i bravi!*, pp. 128-130). Qui ve la propongo sotto forma di

Giochi da Bravi Sportivi 

Si tratta di attività da fare insieme, in famiglia e/o con gli amici, che potenziano le acquisizioni citate poco sopra.

Il Bravo Sportivo
Invitate il vostro bambino a dimostrarvi di essere un Bravo Sportivo. Innanzitutto, illustrategli le regole per diventarlo. Potete declamarle con enfasi oppure, meglio, scriverle insieme su un cartellone che appenderete nella sua stanza e anche in altri punti ben in vista della casa.
Il Bravo Sportivo deve:

1. seguire le istruzioni date dall'allenatore entro pochi secondi
2. rispettare le regole fissate per quell'attività
3. complimentarsi con chi fa bene
4. aiutare chi ne ha bisogno
5. condividere il gioco o l'attività
6. partecipare attivamente alla partita
7. accettare quanto succede anche se non piace
8. ignorare chi sta semplicemente disturbando il gioco.

A questo punto potete proporre un'attività che coinvolga tutta la famiglia (è infatti essenziale il contesto di squadra), in cui il vostro ragazzino vi possa dimostrare di essere appunto un Bravo Sportivo. Per esempio, la squadra-famiglia si mette all'opera a imbiancare la cucina! Ben edotto delle otto caratteristiche citate sopra, il vostro ragazzino potrà essere alla fine insignito del titolo di Bravo Sportivo se vi porterà il pennello appena lo chiedete, si limiterà a dipingere lo spazio o la parete assegnata e non altre superfici, si complimenterà con il papà per come passa bene il rullo, aiuterà la sorellina in difficoltà e le presterà il suo pennello...

Chi scatta per primo? (Regola 1 del Bravo Sportivo)

Questa attività serve per allenare i ragazzini a seguire la regola 1 del Bravo Sportivo: seguire le istruzioni date dall'allenatore entro pochi secondi.

A partire da lunedì e continuando fino a sabato, in un momento qualsiasi della giornata, a sorpresa la mamma o il papà fanno una richiesta premettendo la domanda: "Chi è un Bravo Sportivo?".

Per esempio, verso sera la mamma esordisce: "Chi è un Bravo Sportivo? È rimasta accesa la luce in corridoio. Qualcuno può andare a spegnerla, per favore?".

Il papà si alza immediatamente: un punto per lui.

Poco più tardi, sempre la mamma domanda: "Chi è un Bravo Sportivo? È quasi pronta la cena. Qualcuno può apparecchiare, per favore?". Il piccolo si pre-

cipita in cucina e inizia a stendere la tovaglia: un punto per lui.
La mattina dopo il papà chiede, con la solita formula, di passargli un asciugamano pulito per la doccia. La piccola lo sente e corre all'armadio: un punto per lei.
La casa si riempie di sorrisi e di "grazie" e l'atmosfera è decisamente migliorata. Domenica si va tutti al luna park! Chi avrà ottenuto il punteggio più basso non prenderà il gelato.

Entro il 5! (Regola 2 del Bravo Sportivo)
Questo gioco serve ad abituare i bambini che ancora non sanno rispettare le regole in un'attività complessa. Partite con un'attività semplice, per esempio apparecchiare la tavola per bene; poi potrete arrivare a quelle più articolate che talvolta richiedono pure sequenze di lavoro poco gradite. L'esercizio – regola 2 del Bravo Sportivo – consisterà nel portare a termine un passo per volta l'attività in modo corretto.
Ma vediamo l'esempio della tavola. L'attività dura una settimana.
Il lunedì chiedete a vostro figlio solo di stendere la tovaglia che avete appoggiato sul tavolo. Dovrà però farlo "entro il 5". Perciò, da quando comincia, conta-

te con enfasi ad alta voce "uno-due-tre-quattro-cinque".
Il martedì dovrà invece sia stendere la tovaglia sia posare i piatti piani che avrete preparato a portata di mano. Ancora entro il 5.
Il mercoledì dovrà sistemare, entro il 5, tovaglia, piatti piani e fondi. Nei giorni seguenti aggiungerete bicchieri, posate e tovaglioli. Ovviamente dovrete prima preparargli il tutto a portata di mano e, nel contare, modulare le pause fra numeri.
Vi renderete conto che non avrete bisogno di dare suggerimenti, ma solo rinforzi positivi nei quali naturalmente abbonderete anche se la tovaglia è un po' storta e i tovaglioli sono in disordine.
Con i bambini che devono fare i compiti la regola del 5 può essere di grande aiuto.
Entro il 5 cartella vicino al tavolo!
Entro il 5 cartella e diario aperto alla pagina giusta!
Entro il 5 cartella, diario, quaderno e penne!
Entro il 5 cartella, diario, quaderno, penne e seduto pronto che arrivo!
A questo punto il rinforzo è: ti confermo quello che devi fare, ti suggerisco qualche "dritta" per farlo subito bene e mi metto a tua disposizione (a distanza e mentre preparo la cena) per rispondere alle tue eventuali incertezze.

Il gioco dei complimenti (Regola 3 del Bravo Sportivo)

Anche la regola 3 del Bravo Sportivo è molto importante: "Sa complimentarsi con chi fa bene". Ricordate ai bambini che un gol ben fatto resta tale anche se l'ha segnato la squadra avversaria, e che se il compagno di banco ha meritato un bel 10 è giusto essere felici per lui, così come voi genitori siete contenti di ogni suo successo in base alle sue capacità. (Quindi non fate mai paragoni con i coetanei, siate contenti se qualsiasi compagno di scuola ha successo e siate sempre positivi e soddisfatti dei successi di vostro figlio. Questa è una delle regole basilari per evitare comportamenti di bullismo, ormai tanto diffusi.)

Ma torniamo ai complimenti con questo semplice gioco per il sabato sera o per la domenica pomeriggio. Tutti i componenti della famiglia si siedono attorno a un tavolo e rievocano momenti della settimana appena trascorsa in cui qualcuno di loro ha fatto qualcosa di buono: il papà ha riparato il televisore, la mamma ha cucinato un'ottima cena per gli amici (e i bambini si sono goduti il giorno dopo i succulenti avanzi), Carletto ha preso 10 in storia e ha fatto un gol nella partita di calcio, Sandra ha capito finalmente la divisione e ha fatto pace con la sua amica Camilla, Giorgio ha disegnato un bellissimo ritratto alla nonna. Una volta elencate le cose buone fatte ed espresso almeno un complimento per ciascuno, ogni membro della famiglia prende carta e penna e si inventa i complimenti più fantasiosi e magari strampalati per tutti gli altri (Sandra aiuterà Giorgio a scrivere i suoi sul foglio): "La mamma è l'Elasti-Girl dei fornelli", "Papà, grandioso, hai riacceso i cartoni!...". Quando tutti hanno terminato, si leggono ad alta voce i complimenti scritti e si votano i tre migliori. Premi: tre cioccolatini al primo, due al secondo e uno al terzo classificato. E complimenti a tutti. Naturalmente conservate i foglietti dei complimenti. Classificati per ogni componente della famiglia, formeranno la base per aumentare l'autostima di ognuno e per un caro ricordo di tanti momenti sereni insieme.

Sette colonne ma... con l'aiuto! (Regola 4 del Bravo Sportivo)

È importantissimo che il vostro bambino cresca capace di aiutare chi ne ha bisogno (regola 4 del Bravo Sportivo). Ognuno di noi infatti è artefice non solo del proprio benessere, ma anche di quello delle persone che gli stanno vicino: prima della famiglia e poi, diventando adulto, addirittura della società intera.

È difficile però che un bambino si renda conto di quanto il benessere proprio e quello familiare possano essere opera sua. Bisogna quindi fargielo notare, attraverso questa versione di un gioco classico che "premia" proprio chi aiuta di più. Tutti conosciamo il gioco "sette colonne": seduti attorno a un tavolo, i concorrenti stabiliscono una serie di categorie (per esempio: nomi maschili, città, fiori, cibi...) e assegnano a ciascuna una colonna. Fatto ciò si estrae una lettera dell'alfabeto e i giocatori devono scrivere, nel più breve tempo possibile, una parola riferita a ognuna delle sette categorie che cominci con quella lettera. Chi termina per primo ferma il tempo; poi si contano i punti assegnandone 2 a ciascuna parola escogitata da un unico giocatore e 1 alle parole trovate da due o più concorrenti.
Questa versione del gioco prevede però un'importante variante per stimolare la disponibilità all'aiuto: se qualcuno si trova in difficoltà su una categoria, può chiedere: "Aiuto per città" oppure "Aiuto per fiori"... A questo punto un altro giocatore, che abbia già scritto sulla propria griglia una città o un fiore con la lettera estratta e ne abbia in mente anche altre, può offrirsi di aiutare il concorrente in difficoltà dandogli il suggerimento richiesto senza farsi sentire dagli altri. Automaticamente il "suggeritore" prenderà, per la categoria su cui è intervenuto, 4 punti anziché 2 o 1.

"Io parto dal basso, tu dall'alto" (Regola 5 del Bravo Sportivo)

L'attitudine a condividere il gioco o l'attività (regola 5 del Bravo Sportivo) può e deve essere stimolata quotidianamente, per esempio riordinando insieme, andando a fare una passeggiata insieme, giocando insieme in cortile, mangiando insieme... Non è difficile: basta volerlo.

Va poi sottolineato che, del resto, è sempre compito dell'adulto presente lasciare spazio alla condivisione dividendo equamente fra tutti doveri e piaceri: un adulto ha portato lo zaino e il piccolo lo apre per distribuire i panini; un adulto ha steso la tovaglia per il picnic e i piccoli riordinano alla fine...

Per favorire questo atteggiamento attraverso il gioco, si può semplicemente proporre al bambino di fare (con un genitore o con un coetaneo) un puzzle: uno parte dall'alto, l'altro dal basso e quindi... quando ci si incontrerà a metà, il gioco sarà fatto! La stessa attività può essere proposta con un grande disegno da colorare.

Castello di famiglia (Regola 6 del Bravo Sportivo)
Partecipare attivamente alla partita? Certo, anche quando è difficile, anche quando si sta per perdere.
I bambini apprendono più facilmente questo comportamento (regola 6 del Bravo Sportivo) se sono gli adulti stessi che se ne fanno un "role play".
Immaginiamo che il bambino torni a casa dalla partita di pallavolo della sua squadra dicendo: "A metà ho detto che non giocavo più perché mi faceva male la gamba. Non era vero ma tanto stavamo perdendo".
Ecco che i genitori, invece di inveire contro l'allenatore che non ha preparato i ragazzi adeguatamente, devono far notare al figlio quanto sia stato sbagliato il suo comportamento: infatti ne ha fatto un perdente rinunciatario ancora prima che la partita terminasse, ha probabilmente influenzato i compagni e ha deluso se stesso e la squadra riguardo alle sue capacità di acquisire esperienza di gioco e quindi di migliorare. Se un giocatore si assume la responsabilità di far parte di una squadra deve assumersi anche quella di andare fino in fondo, nel bene e nel male.
Per allenare i bambini alla partecipazione, un gioco – che può sembrare estremamente semplice ma in realtà è un grande esercizio alla pazienza e alla determinazione – è fare il classico castello con le carte lavorandoci tutti insieme a turno. Prendete un

mazzo di carte da gioco e incominciate a metterle a due a due "a tettuccio", fino a formare una fila di almeno quattro "tettucci". Ponete quindi delle carte orizzontalmente a toccare i vertici dei "tettucci" e ripetete il procedimento della prima fila. Ovviamente il castello diventerà sempre più fragile e dovrete tutti calibrare i vostri movimenti per evitare di farlo crollare. Se poi a qualcuno capita di causare la caduta del tutto, non ci si arrabbia e si ricomincia da capo, proseguendo finché non si è raggiunta l'altezza prestabilita all'inizio.

Non ti arrabbiare! (Regola 7 del Bravo Sportivo)
"Se gioco fino in fondo, se ci provo, non è mai una partita persa! E quindi accetto quello che succede anche se non mi piace." Questo punto richiede un allenamento abbastanza costante, ma non difficile da attuare. Ricordate? A tavola si mangia un cucchiaio di tutto (basta assaggiare!). Si guarda solo mezz'ora di tv al giorno (tanto domani lo si potrà fare ancora!)...
Siete dunque voi genitori allenatori che dovete far riconoscere al bambino la validità di questa regola. Innanzitutto potete chiedergli di ripeterla quando vi accorgete che, durante qualsiasi gioco, sta perdendo la sua grinta e appare annoiato proprio per-

ché le cose non vanno secondo le sue aspettative. Poi, per esercitarlo attraverso un'attività a... "fare buon viso a cattivo gioco", vi suggerisco di ricorrere al divertentissimo classico tedesco "Non ti arrabbiare!" che troverete anche facilmente in commercio o fabbricherete in casa disegnando su un tabellone il semplice schema che potrete riprendere da Internet e procurandovi quattro pedine di uno stesso colore per ciascun giocatore. Per le semplici regole specifiche del gioco, vi rimando ancora a Internet o alle istruzioni che troverete nella scatola. Qui mi limito invece a spiegare il senso del nome "Non ti arrabbiare!", che è poi il vero senso del gioco.

Scopo del "Non ti arrabbiare!" è, per ciascun giocatore, far procedere le proprie pedine dalla casabase fino alla propria base di arrivo, procedendo lungo un percorso fatto di caselle, secondo i punti ottenuti con un dado. Ogni pedina può però "mangiarne" un'altra – avversaria o anche propria, come in un autogol! – quando il lancio dei dadi la fa capitare sulla sua stessa casella. In questo caso il giocatore deve appunto fare buon viso a cattivo gioco e procedere con un sorriso!

Cucù (Regola 8 del Bravo Sportivo)
E adesso l'ultima regola: ignorare chi disturba il gioco. Così come voi genitori ignorate il capriccio, anche il bambino deve imparare a ignorare il disturbatore per professione (che c'è sempre) e proseguire il gioco al meglio. È lui l'artefice del gioco, non chi disturba o commenta negativamente!
Un gioco molto divertente che si può fare per allenare il bambino a non dare ascolto a chi disturba è il gioco di carte "Cucù". Come per il gioco precedente, vi rimando a Internet per le istruzioni dettagliate e mi limito qui a citare la parte relativa alla regola 8 del Bravo Sportivo. Chi viene eliminato ha possibilità di tornare a giocare solo se uno dei giocatori gli rivolge la parola: farà quindi di tutto per distrarre i giocatori, con domande e stratagemmi vari, in modo da farli parlare... Non mancheranno le risate!

Ora che i vostri bambini sono diventati Bravi Sportivi potete fare con loro tanti

Giochi didattici 

Con la scuola primaria i bambini apprendono gradualmente numerose nozioni di base che vi permetteranno di sbizzarrirvi con attività sempre più coinvolgenti alla scoperta del mondo.

C'è, ma non si vede!

L'aria è dappertutto, ma... non si vede! Per esempio, una bottiglia vuota è in realtà piena d'aria! Potrete farlo sperimentare al vostro bambino quando fa il bagno, mostrandogli come, inclinando una bottiglia, uscirà l'aria sotto forma di bollicine ed entrerà al suo posto l'acqua.

Leggero come... l'olio!

Riempite un vasetto di cui avrete anche il coperchio con due dita di acqua, aggiungete qualche goccia di tempera e due cucchiai di olio. Agitate con forza, quindi osservatelo per alcuni minuti. Vedrete che l'olio sale in superficie perché pesa di meno. Se vorrete essere creativi potrete versare questa acqua oleata su un cartoncino: si formerà un bellissimo effetto marmorizzato.

Un tramonto... fatto in casa

Un simpatico esperimento per rispondere alla domanda di vostro figlio "Perché il cielo al tramonto è rosso?". Riempite un bicchiere trasparente con acqua e mettetelo di fronte a una parete (bianca). Accendete una torcia e fatte passare il fascio di luce attraverso il bicchiere: vedrete la luce bianca normale della torcia. Se all'acqua aggiungete del latte, quest'ultimo farà come nel cielo le polveri e il fumo, ovvero filtrerà la luce lasciando passare solo l'arancione e il rosso.

Che ore sono?

A scuola il vostro bambino incomincerà a studiare il tempo e l'orologio. Aiutatelo in questo percorso costruendo insieme con lui una meridiana. È un gioco ovviamente da fare all'aperto, in giardino o sulla spiaggia. Basterà prendere un piatto di carta e due matite. Una matita verrà infilata al centro del piatto di carta, fissando la parte appuntita nel terreno o nella sabbia. Con l'altra matita vostro figlio segnerà il punto in cui cade l'ombra in quel momento. Ogni ora lo chiamerete a segnare il punto in cui cade l'ombra: alla fine avrete una meridiana completa!

Il sale... magico!

"Mamma, perché nell'acqua del mare galleggio di più?" Per dare al vostro bambino una spiegazione di questo fenomeno, mostrandogli che il sale rende l'acqua pesante, riempite un bicchiere d'acqua calda e metteteci una fragola. Toglietela e aggiungete del sale all'acqua, mescolando. Ora rimettetevi la fragola. Vedrete che galleggia!

La tombola della matematica

Per questo gioco non è necessaria una tombola classica. Scrivete su un cartoncino i numeri da 1 a 90 e poi ritagliatelo in modo da aver 90 tesserine (sarà lungo la prima volta, ma poi lo potrete utilizzare in diverse occasioni). Consegnate a ogni bambino un foglio sul quale potrà scrivere dieci numeri a scelta compresi tra l'1 e il 90 (con i bambini fino a 8 anni può bastare dall'1 al 50).

Poi sorteggiate i numeri e fate cancellare con una X quelli estratti. Vince chi per primo ne trova tre (terna), quattro (quaterna), cinque (cinquina) e tutti (tombola).

Per consolidare addizioni e sottrazioni nei bambini di prima e seconda classe, fate loro scrivere sui soliti foglietti i soliti dieci numeri a scelta (magari solo fino al cinquanta) e, invece di dire semplicemente il numero estratto, esprimetelo con un'addizione o una sottrazione in modo che il bambino individui il risultato e controlli se ha quel numero. Per esempio, invece di 15, dite 10 + 5; anziché 30, dite 50 – 20. Naturalmente, per farlo bene, dovete essere con-

sapevoli del livello raggiunto dai bambini a scuola in matematica.
Con le tabelline il gioco è ancora più semplice: invece di dire il risultato, suggerite la moltiplicazione che il bambino dovrà elaborare (7 x 7; 2 x 3 ecc.).

Studiare con un gioco

Potete rinfrescare tutto ciò che i vostri figli hanno studiato durante la settimana giocando insieme il sabato sera o durante un pomeriggio di domenica di pioggia. Come?
Sfogliate il loro sussidiario e annotate su un foglio le parole più interessanti tratte dalle pagine che hanno studiato. Tagliate tanti foglietti quante sono queste parole. Fateli estrarre dai bambini (magari tre o quattro compagni della stessa classe) e invitateli a dire tutto ciò che sanno sull'argomento. Chi dice di più vince... cinque minuti di gioco elettronico!
Stanno studiando la geografia dell'Italia? Fotocopiate una cartina muta per ognuno e suggerite in modo sparso i nomi delle regioni e delle principali città. Loro dovranno collocarle sulla mappa: vince il più preciso. Lo stesso potrà essere fatto, più avanti, relativamente all'Europa e al mondo intero.
Stanno studiando le guerre puniche? Fatevi portare

i loro soldatini (se ne hanno) o i loro pupazzetti (elefanti compresi, naturalmente!) che classificherete con i nomi dei combattenti, magari scrivendo i nomi e attaccandoli con lo scotch. Invitate i bambini a sistemarli su una cartina a seconda delle loro posizioni all'inizio e alla fine della guerra: ricorderanno il tutto con maggior facilità.

E adesso, dopo tanta concentrazione, è il momento di dedicarsi ai

Giochi manuali e di fantasia

I bambini di questa età hanno ormai acquisito una perfetta manualità, che permette loro di sbizzarrirsi in ogni tipo di attività manuale. Vi sorprenderanno con disegni sempre più belli e dettagliati, faranno delle costruzioni bellissime, pettineranno le loro bambole (e le sorelline) con acconciature elaborate e alcuni di loro incominceranno anche a scoprire la magia della musica deliziandovi con il suono di uno strumento! In questo genere di attività forse ormai saranno loro ad avere più fantasia e abilità di voi... ma vi voglio dare comunque dei suggerimenti per alcuni momenti da vivere insieme.

Semplici sassi? No, attori!

Un'attività che potete fare in vacanza, quando si deve stare all'ombra nelle ore più calde della giornata.

Procuratevi almeno quattro sassi piatti non troppo piccoli, dei pennarelli (per un risultato ottimale utilizzate quelli indelebili a punta grossa, ma possono andare bene anche quelli presenti nell'astuccio scolastico) e colorate i sassi in modo da creare diversi personaggi di fantasia. Terminata questa operazione, mettete in scena uno "spettacolo", inventando a turno una frase che verrà via via pronunciata da ognuno dei vostri personaggi. Potrete anche lanciarvi negli effetti sonori (utilizzando diversi oggetti per fare rumore o una bella musica come colonna sonora): il divertimento è assicurato e, se uno di voi riprenderà la scena, sarà anche un simpatico ricordo da rivedere nelle sere d'inverno!

Principesse e pirati!

Un gioco che appassiona sicuramente le bambine in questa fascia d'età è quello di fare bracciali e collanine con le perline, ma anche intrecciando diversi fili in modo da creare bracciali di cotone con belle composizioni geometriche. Se avete più figlie, o se invitate delle amichette, potete anche ingaggiare una gara a chi realizza un bracciale nel minor tempo possibile. I maschietti invece potranno partecipare a questo gioco facendo una gara di nodi: se cercherete su Internet le istruzioni dei più semplici nodi marinari e li mostrerete loro si sentiranno poi dei veri pirati!

Ombre oscure...

Per stare insieme a vostro figlio in un momento di creatività, sedetevi accanto a una parete bianca della casa, dandole il fianco. Invitate il bambino a puntare la luce di una lampada sul vostro profilo e ad attaccare con dello scotch un cartoncino nero in corrispondenza dell'ombra. Chiedetegli quindi di tracciare con una matita bianca il contorno del vostro viso sul cartoncino e di ritagliarlo. A turno potrete realizzare le ombre di tutta la famiglia e incollarle poi su fogli di carta bianca o colorata.

4

Giocare per diventare grandi (10-15 anni)

Affrontiamo ora i nostri figli più grandi, quelli tra i 10 e i 15 anni.

Prima di usare il verbo "affrontare", ho consultato il vocabolario per rendermi bene conto dei suoi diversi significati. Ho trovato:

1) mettere a confronto
2) andare incontro, incontrare
3) prendere in esame, discutere
4) trovarsi faccia a faccia, scontrarsi in combattimento.

Utilizzando l'espressione "*affrontiamo* i nostri figli più grandi", ho ovviamente inteso "*andiamo incontro ai nostri ragazzi, incontriamoli*".

La loro fascia d'età è, peraltro, la più temuta perché in essa può evidenziarsi una serie di comportamenti devianti (lolitismo, bullismo spinto, fumo, abuso di alcol, droga...). Spesso padri e madri non riescono a spiegarsi come e perché insorgano questi problemi nei loro figli che fino a poco prima consideravano "bravi ragazzi" o semplicemente "ragazzi come tutti gli altri".

A mio parere, questi "ragazzi come tutti gli altri" sono facilmente stati lasciati un po' allo sbando e non hanno avuto un'autorevole guida educativa da parte della famiglia né della scuola stessa. Genitori da sempre e costantemente attenti alla crescita dei propri figli e un'impostazione di regole coerenti fin dall'infanzia, accompagnate dallo strumento del rinforzo positivo, preparano infatti a vivere la preadolescenza e l'adolescenza in maniera corretta e serena. Su questo tema specifico vi rimando al mio libro *Fate i bravi! (10-15 anni)*.

Ma adesso, qualunque sia il vostro punto di partenza... Via!

Gli anni che vanno dai 10 ai 15 possono essere meravigliosi. I ragazzini di questa età sono ormai capaci di lavarsi, vestirsi, nutrirsi e di ricordarsi persino di prendere le vitamine o lo sciroppo per la tosse. Inoltre mettono i piatti sporchi nella lavastoviglie e la biancheria da lavare nella cesta. A 10 anni possono essere persino straordinariamente accomodanti con noi adulti perché, entusiasti come sono, sono ben disposti ad accettare: per esempio di dormire per terra se avete organizzato un giro in bici interessante; di cedere il proprio letto all'amico se lo ospitate per una breve vacanza; di mangiare panini per una settimana se consentite loro di consumarli in spiaggia con la compagnia...

Non lasciamoci quindi sfuggire l'occasione di portarli a raggiungere serenamente una completa padronanza di se stessi. A questo scopo, nel tempo libero dovremo dare loro lo spazio di cui hanno bisogno, tenendo sempre presente i loro interessi e le loro esigenze. Ricordiamo perciò che, in genere, i ragazzi in questa fascia d'età

1. Apprezzano tutto quello che li mette in contatto con la natura e sono incuriositi dalle spiegazioni scientifiche dei fenomeni naturali.
Quindi, organizzate picnic e gite all'aria aperta, magari proprio con finalità scientifiche, lanciatevi in collezioni di foglie e conchiglie, coltivate insieme l'hobby della fotografia.

2. Hanno un estremo bisogno di "sentirsi all'altezza".
Quindi, ricordate sempre di rinforzarli positivamente, confutando i giudizi negativi che spesso loro danno di se stessi. Per esempio, se dicono "Non sono capace di far niente", ribattete: "Prova, per favore, a controllare il termostato per vedere se la temperatura corrisponde..."; oppure, quando si lamentano "Nessuno mi invita alle feste", fate notare: "Anche tu l'anno scorso non hai invitato tutta la classe, ricordi?"; o, ancora, se mor-

morano "Tanto il professore non mi interpella mai", affermate: "Al colloquio mi hanno detto che hai sempre la mano alzata e che non disturbi. Non sei certo uno dei tanti bulli che ci sono a scuola. Bravo!".

3. Litigano spesso con i fratelli e le sorelle, più piccoli o più grandi. E naturalmente contestano la maggior parte di ciò che i genitori affermano!
Ebbene, è proprio il momento di "incontrarli" e, allo stesso tempo, di lasciare che se la cavino da soli. Create perciò per loro occasioni per fare attività in comune: gare tra genitori e figli per preparare la cena, lavare la macchina, organizzare un week-end di vacanza per la famiglia... All'inizio sembreranno ancora più "bellicosi", ma se è previsto un premio finale se la caveranno egregiamente.

4. Hanno sempre più bisogno della loro privacy.
Giustissimo! Invitateli a preparare un cartello "Bussare prima di entrare" che possano appendere sulla porta della loro camera quando ne sentono l'esigenza. Poi rispettatelo, ma attaccatene anche un altro identico sulla porta della vostra camera e su quella dei fratelli più piccoli. Naturalmente ricordate loro che, per la sicurezza di tutti, la porta non va mai chiusa a chiave e che deve rimanere sempre aperta se in camera c'è un compagno di scuola: questa è una buona norma anche nei confronti della famiglia dell'amico.

Allo stesso tempo create occasioni in cui essere in contatto uno a uno con vostro figlio: un giro in macchina, un appuntamento dal parrucchiere, una pizza da soli... in modo che si creino spazi riservati in cui possa aprirsi.

E adesso avanti con i giochi veri. In questa fascia d'età, il baule magico è pressoché inutile perché i ragazzi sono attratti dalla realtà, se questa viene proposta loro come gestibile e come fonte di soddisfazioni personali e di benessere dell'ambiente circostante. Perciò ben vengano le

Attività naturalistiche

Come ho spiegato al punto 1 della premessa, i ragazzini fra i 10 e i 15 anni si appassionano facilmente alla natura e alle spiegazioni scientifiche dei suoi fenomeni. Perciò...

Una gita per quattro stagioni

Scegliete un ambiente naturale facilmente raggiungibile dalla località in cui abitate: un bosco, una valletta montana, una spiaggia attorniata dalla vegetazione mediterranea. Organizzate, nell'arco di un anno, quattro gite domenicali, ciascuna in una stagione dell'anno. L'obiettivo sarà osservare come si modifica l'ambiente di tre mesi in tre mesi con il cambiamento del clima. Innanzitutto fotografatelo con la neve o con il sole, con la fioritura o con la bruma autunnale; poi raccogliete foglie e frutti, concentratevi sugli uccelli, sugli insetti e sul resto della fauna, registrate la temperatura e il rumore del vento... A casa confronterete insieme i dati raccolti da una stagione all'altra. Poi, su un cartellone, incollate le fotografie, foglie e fiori secchi e scrivete le vostre osservazioni.

Ancora acqua...

L'acqua è un elemento che affascina bambini e adulti e i giochi di scoperta con l'acqua hanno finora accompagnato tutte le età di vostro figlio. Ora che è cresciuto potete proporgli delle attività più scientifiche, stimolando il suo desiderio di osservazione: se andate nella stagione calda a fare una gita vicino a un ruscello o a un fiume, invitatelo a portare carta e penna, un termometro per l'acqua, un metro, una pallina da ping-pong, uno spago e un peso (meglio un piombo da lenza). Una volta arrivati a destinazione, chiedetegli di scoprire qual è la temperatura dell'acqua, la profondità in un dato punto (a questo serve lo spago con il peso in fondo), se possibile anche la velocità (a questo serve la pallina: vostro figlio dovrà misurare la distanza percorsa dalla pallina in 6 secondi: moltiplicando la distanza per 10 potrà calcolare quanti metri percorre l'acqua in un minuto), e chi più ne ha più ne metta: il tipo di fondale, la vegetazione dentro e attorno ecc.

Toccare il cielo con un dito

Un'altra bellissima attività da svolgere insieme può essere l'osservazione del cielo e delle stelle, magari organizzando una spedizione astronomica in una località poco illuminata anche con alcuni amici. Più sarà stata preparata, maggiore successo avrà: vi consiglio quindi di dedicare, prima della gita, tutti insieme diversi momenti alla scoperta delle principali costellazioni (sui libri di scuola dei vostri figli o su Internet, se non, meglio ancora, su libri acquistati appositamente) e di arrivare sul posto per verificare quanto studiato. Potrete poi ingaggiare delle gare, per esempio a chi vede per primo l'Orsa minore, il Cigno, lo Scorpione...

Pesci in acqua e... in padella!

Un'attività rispettosa della natura da fare tutti insieme sarà lo snorkeling alla scoperta del mondo sottomarino e dei suoi splendidi fondali. Anche in questo caso, sarà bello e utile non limitarsi alla semplice attività ma prendere spunto da questa per dare un nome a quello che si è osservato (le diverse specie di pesci, le alghe e in generale fauna e flora acquatica). Un'attività che richiama l'istinto cacciatore dell'uomo, forse più indicata per i papà e i figli maschi, è invece la pesca, che sarà in grado di tenervi impegnati per ore: al mare, al lago o in riva a un fiume. A seconda del tipo di pesce che vorrete pescare, vi procurerete e preparerete l'esca più adatta. Ricordate però sempre ai vostri figli che dev'essere un'attività finalizzata a cibarsi e mai un semplice passatempo: non si deve uccidere un essere vivente solo per gioco! Pescate quindi solo in acque pulite in modo da poter poi cucinare i pesci.

Per un mondo più pulito

I ragazzi, se educati sin da piccoli al rispetto dell'ambiente che li circonda, sono molto attenti e sensibili ai temi dell'ecologia e vedono spesso meglio degli adulti che cosa non va. Se organizzerete insieme a loro, magari anche con dei compagni di classe, un'uscita per ripulire un parco o una raccolta della plastica sulla riva del mare (o del lago, o del fiume: purtroppo le nostre acque ne sono piene!), aggiungendo eventualmente un premio per chi ne raccoglie di più, ne saranno entusiasti.

E quando invece non si può uscire perché piove a dirotto oppure il fratellino piccolo ha l'influenza?

Un'altra attività molto gradevole, interessante e costruttiva da coltivare con i ragazzini dai 10 anni in su è quella delle

Collezioni 

Scegliete un tema a piacere e fatene – genitori e figli – la vostra passione. È importante poi che la collezione sia fatta per bene, che sia ordinata e pulita e ben conservata in modo da poterla mostrare orgogliosamente agli amici. E soprattutto che ci lavoriate tutti insieme!

Potete cominciare con collezioni semplici (bustine dello zucchero, scatole di fiammiferi, le classiche figurine), ma poi potete anche darvi alla...

Collezione di monete e banconote pre-Euro

Dal 2002 è stato introdotto l'Euro. Ne siamo tutti felici, ma ha spazzato via un mondo di valute, dal Fiorino olandese alla Dracma greca, dalla Peseta spagnola al Franco belga, senza dimenticare la vecchia Lira. Ebbene, cari genitori, questa collezione non solo può appassionare voi e i vostri ragazzi, ma è una splendida occasione per far conoscere loro la recente storia europea. Chiedete ai nonni: spesso hanno nei cassetti monete risalenti persino ai primi anni del Novecento. Frequentate con i vostri ragazzi, ogni tanto, i mercatini numismatici, frugate sui banchi e comprate, un po' per volta, monetine e banconote dei Paesi europei. Poi, a casa, li ordinerete in un album suddiviso per nazioni, annotando i nomi dei sovrani o dei presidenti effigiati sui valori.

Ovviamente questa stessa collezione può essere fatta anche con monete, tuttora in corso, dei Paesi che visitate durante le vacanze o anche occasionalmente durante l'anno.

Oppure, per semplificare, che dire di una bella raccolta di monete da 1 o 2 euro provenienti ciascuna da diversi Paesi europei?

Erbario di famiglia

Questa attività prevede che – quando non piove e state tutti bene – facciate frequenti gite in campagna o in montagna per raccogliere foglie e fiori, cercando esemplari sempre nuovi. Per portarli a casa nelle migliori condizioni possibili, utilizzate lo stratagemma che vi ho indicato a p. 103 (cap. 2).

Quando poi sarete a casa, cercate su Internet (sempre genitori e figli insieme!) il nome scientifico dei vostri reperti e tutte le informazioni possibili. Costruite quindi il vostro erbario, incollando fiori e foglie e annotandovi sotto ordinatamente le notizie che avete trovato. Se ben fatto, diventerà un volume bellissimo da custodire gelosamente e che, oltretutto, vi ricorderà luoghi e momenti vissuti felicemente insieme.

Ricerca storica fai-da-te

Scegliete un argomento storico che in famiglia vi appassiona in particolare: l'Unità d'Italia, Napoleone, Giulio Cesare. Raccogliete quanto più possibile su di esso: informazioni, cartoline che riproducono dipinti che ritraggono l'epoca, libri, dvd di documentari o film storici, curiosità e, se lo trovate, anche qualche cimelio del tempo scovato in un mercatino. Diventate tutti esperti, fate a gara a chi ne sa di più e costruite creativamente la vostra collezione.

Orecchini, che passione!

Una collezione che potrete iniziare con le vostre figlie, che in quest'età si dedicano sempre più al proprio aspetto esteriore, è quella degli orecchini. Non dovranno essere naturalmente orecchini preziosi, ma scovati sui banchi del mercato o – meglio ancora – fai-da-te. Una volta che ne avrete raccolti un po', prendete una teca di legno e vetro e procuratevi un panno scuro della stessa dimensione della teca, una corda scura di cotone e alcuni rettangoli di polistirolo alti al massimo 1 cm. Applicate la corda al panno facendo delle strisce parallele alle quali poi attaccherete gli orecchini. Incollate quindi il polistirolo sul fondo della teca e rivestite l'intera teca con il panno. Gli orecchini con pendente verranno appesi alla corda, con gli altri bucherete il polistirolo.

Dalle macchinine alle macchine!
Una collezione che sicuramente appassionerà i vostri figli maschi. Se nel corso dell'infanzia il bambino si è dilettato a giocare con le macchinine o le moto, ora è facile che il suo divertimento si trasformi e si faccia più "scientifico": prendete spunto dai modellini di macchinine e motociclette che ha per approfondire la conoscenza delle auto nelle diverse epoche, verificandone le caratteristiche, dalla carrozzeria alla cilindrata, il prezzo ecc.
In Italia esistono diverse collezioni di auto d'epoca che si possono visitare.
La stessa ricerca può essere fatta sui treni.

Per i ragazzini dai 10 anni in su esistono in commercio decine di giochi da tavolo che si prestano sia alla costruzione di regole personali, sia a esercitare l'attenzione e il rispetto delle mosse degli altri giocatori. Anche in questo frangente l'importante è che tutti i componenti della famiglia giochino insieme (e, se c'è un fratellino piccolo, sarà bene che aspettino che sia andato a letto).

Molti di voi penseranno che i propri figli, ormai abituati ai videogame, trovino questi giochi noiosi e con regole troppo complicate. Non è così: ho provato io stessa con i miei nipoti e vi assicuro che si sono talmente appassionati che mi hanno chiesto di fare un vero e proprio campionato. Quindi, cari papà e care mamme, datevi da fare con il Monopoli e lo Scarabeo, ma anche con la scopa, la dama, gli scacchi...

Un consiglio, però: non riempitevi subito la casa di questi giochi. Acquistatene uno per volta e giocateci per un bel po' fino a individuare il campione di famiglia!

(Quanto a quelli elettronici, non consentite che vengano usati per più di mezz'ora al giorno, ma sempre insieme a voi e... se non c'è nient'altro di meglio da fare!)

Ma torniamo a noi con i

Giochi da tavolo "fatti in casa"

Già, in commercio c'è di tutto, ma non è più bello qualche volta farseli da sé?

La corsa del Bravo Sportivo

Il principio non è molto diverso dal gioco dell'oca, ma ha la funzione di esercitare le attitudini del Bravo Sportivo e può essere proposto anche in questa fase a tutta la famiglia e, perché no?, agli amici o ai compagni di scuola per un pomeriggio divertente e decisamente diverso.

Procuratevi un foglio di carta da pacco di qualsiasi colore e ritagliatene venti quadrati abbastanza grandi (almeno 30 x 30 cm). In un angolo di ogni quadrato scrivete un numero procedendo da 1 a 20 con numerazione progressiva e, per ogni casella, annotate quanto segue:

– su tutte: "Bravo! Ben arrivato".

– casella 3. Fai tre passi avanti e uno indietro *(ovvero segui le regole date per questa attività)*.

– casella 4. Per rimanere qui, devi farti raggiungere da qualcuno più indietro di te *(ovvero condividere un risultato positivo)*.

– casella 5. Per rimanere qui, devi dire una bella cosa a due altri giocatori *(ovvero complimentarsi)*.

– casella 6. Fai un passo indietro e stringi la mano a chi incontri. Se non c'è nessuno, salti avanti di due passi *(ovvero aiutare e condividere)*.

– casella 7. Disegna cinque pesci diversi con le loro caratteristiche in dettaglio, di' i loro nomi (per esempio, pesce spada, pesce palla, palombo, salmone, aringa) e in quali mari vivono. Se non li sai, chiama un amico a raggiungerti e fatelo insieme *(ovvero accettare l'aiuto della squadra riconoscendone l'importanza).*

– casella 8. Fai tre passi avanti *(ovvero partecipare attivamente).*

– casella 9. Qui c'è una festa: fatti raggiungere da due amici più indietro o più avanti di te *(ovvero condividere).*

– casella 10. Prendi l'amico più indietro e portalo qui con te *(ovvero aiutare e condividere).*

– casella 11. Sta nevicando: stai fermo in casa per tre tiri *(ovvero accettare anche quello che non piace durante il gioco).*

– casella 15. Devi spalare la neve: stai fermo un giro *(ovvero seguire le istruzioni anche a discapito personale).*

– casella 20. Aspetta a festeggiare che arrivino tutti *(ovvero condividere il successo con tutti).*

A questo punto stendete in cerchio i quadrati, dotatevi di dadi e di un segnalino per ciascuno, stabilite quanti giri vadano fatti in una partita. E... via!

Ligretto

Questo è un entusiasmante gioco tedesco di velocità che prevede un minimo di due giocatori. Esistono anche le carte apposite, ma in Italia è difficile trovarle in commercio. Però, per fortuna, ci si può giocare anche utilizzando normali mazzi di carte, uno per ciascun giocatore; l'unica avvertenza è che i mazzi usati abbiano dorsi diversi.

Ogni giocatore si mischia il proprio mazzo composto da quaranta carte (da 1 a 10 nei quattro segni, eliminando le figure). Poi pone davanti a sé un mucchietto di dieci carte coperte, quattro scoperte e tiene in mano il mazzetto delle ventisei rimanenti.

Quando tutti i giocatori sono pronti, si dà il via e ciascuno deve riuscire a mettere sulla tavola quante più carte può, attingendo sia dalle quattro scoperte (che poi integra man mano girando carte dal Ligretto), sia dal mazzo di ventisei carte che ha in mano e che può girare andando di tre in tre. Per partire occorre che vengano messi sulla tavola degli Assi, su cui poi in velocità si potrà procedere a posare le carte in ordine numerico e rispettando i segni.

Chi per primo termina il Ligretto ferma il gioco gridando: "Ligretto!". Tutti gli altri giocatori prendono una penalità pari a 2 per ogni carta che è rimasta loro nel Ligretto. A questo punto si raccolgono le carte presenti sulla tavola, le si divide per mazzi controllando i diversi dorsi e le si conta. I punteggi vengono calcolati sottraendo le eventuali penalità. Vince chi ha fatto più punti perché vuol dire che è stato più veloce d'occhio e di mano.

È un gioco che strega la famiglia: non riuscirete più a smettere!

Scacchi e dama di legno

Ora che vostro figlio è cresciuto, può essere molto bello costruire con lui sempre più cose con il legno. Si sentirà grande nel poter usare la sega e il compensato senza più avere i vostri occhi addosso. Un bellissimo gioco da costruire – e poi da utilizzare – insieme sarà una scacchiera, con le diverse figure degli scacchi (figure che, volendo, potreste anche fare con diversi tipi di pasta): il re e la regina, gli alfieri, i cavalli, le torri e i pedoni. Se non volete imbarcarvi in lavori troppo complicati, potete ricorrere a raffigurazioni simboliche (per esempio, la regina potrà essere una semplice corona di legno con la scritta "Ra"). Molto più semplice sarà poi fare le pedine della dama, procurandovi un manico di scopa di legno e segandolo a rotelline che poi colorerete di bianco o di nero.

La parola che uccide

Questo gioco riesce bene se praticato da quattro-cinque persone o più. Perciò è adatto a famiglie numerose oppure quando c'è qualche ospite. Ci si siede attorno a un tavolo e si assegna a uno dei partecipanti il ruolo di organizzatore e moderatore.

Questi prende un numero di foglietti pari a quello degli altri partecipanti e su ciascuno scrive il nome di un concorrente e una parola a sua scelta, possibilmente bizzarra come "camaleonte", "odontoiatra" oppure "trivellazione". Poi piega i foglietti e li distribuisce uno per ciascuno, prestando attenzione a non dare a nessuno il foglietto con il suo nome. Per tutti lo scopo del gioco è "uccidere" la persona indicata sul foglietto inducendola a pronunciare la parola annotata sotto il suo nome. A distribuzione terminata, il moderatore dà il via alla conversazione e la regola dando equamente spazio a tutti. Chi deve far pronunciare la parola "camaleonte" cercherà di far conversare la persona interessata sulla fauna del Sudest asiatico o su sistemi creativi per eliminare gli insetti; chi invece vorrà "uccidere" il vicino strappandogli "odontoiatra" sposterà l'argomento sui denti... Ne nasceranno conversazioni spassosissime. Naturalmente vince chi per ultimo cade in trappola.

Io vedo

Questo gioco è adatto per riempire momenti di attesa in un luogo chiuso, magari quando vi siete riparati in una baita e aspettate che spiova, o semplicemente siete a casa e il pranzo non è ancora pronto.

La persona che lo conduce pensa a un oggetto presente nella stanza e visibile a tutti (non deve essere in tasca né nascosto).
A turno ognuno fa una domanda alla quale il conduttore può rispondere solo con un sì o con un no. Chi pone domande che prevedano risposte diverse – "È in alto o in basso?" – perde il turno. Nell'esempio citato avrebbe dovuto chiedere "È in alto?" lasciando così aperta la risposta al sì o al no.
Naturalmente tutti i giocatori devono stare attenti anche alle risposte alle domande altrui perché questo li aiuta a indovinare.
Chi indovina per primo diventa il conduttore del giro successivo.

Nella fase della preadolescenza e dell'adolescenza è fondamentale che i ragazzi abbiano l'impressione di godere della giusta importanza in famiglia. Altrimenti corrono il pericolo di prendere strade che a noi non piacciono, soprattutto perché potrebbero danneggiarli gravemente.

Dunque, obiettivo dei genitori deve essere quello di farli sentire artefici del proprio benessere personale e di quello familiare. Come?

Insegnando loro

Attività di economia domestica

Non stupitevi, una volta era una materia scolastica, obbligatoria a partire dagli ultimi anni delle elementari, finalizzata a trasmettere i princìpi di base per una buona e oculata gestione di una famiglia. Vi si insegnava inoltre a spegnere la luce se ci si vedeva a sufficienza, a chiudere bene la porta e le finestre quando faceva freddo, a mettersi un golf in più per non accendere inutilmente la stufa, a riscaldare il pane avanzato per non buttarlo via. Proprio tutte cose superate, dite? Niente affatto. Proponete dunque ai vostri figli queste attività.

Obiettivo gita!

Invitate i vostri figli grandicelli a mettere il naso nei conti di casa e a indicarvi se e dove ritengono che possa essere fatto qualche risparmio. Per esempio, mostrate loro le bollette della luce, del gas o quelle telefoniche e il contatore che gira in continuazione ed enunciate un obiettivo: i soldi risparmiati con i loro suggerimenti e il loro impegno serviranno per fare una bella gita, comprare un cd nuovo, o un paio di scarpe che desiderano.

Partita doppia

A 13-14 anni potete tranquillamente farvi aiutare dai ragazzi a fare i conti alla fine del mese. Conser-

vate tutte le fatture e gli scontrini delle spese che avete sostenuto. Costruite una semplicissima partita doppia, su un quaderno a mano oppure più semplicemente su un foglio Excel, e l'ultima domenica o l'ultima sera del mese inserite tutte le voci nelle colonne "dare" e "avere". Questa attività coinvolgerà moltissimo i ragazzi, oltre ovviamente a renderli più consapevoli delle reali possibilità della famiglia.
Ma non fermiamoci qui: quando dobbiamo comprare l'abbigliamento per i ragazzi, andiamo insieme e mostriamo loro quanto costano i jeans e le magliette. Facciamo quindi in modo che se li guadagnino con il proprio impegno, sempre ovviamente nel rispetto di un budget prestabilito.

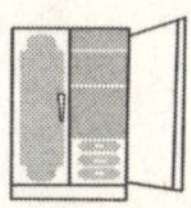

Regalo di Natale per la famiglia

Ho conosciuto una bellissima famiglia con sei figli dai 4 ai 16 anni e senza troppi soldi. Usanza dei genitori era far scegliere ai figli un solo regalo di Natale per tutti. L'anno scorso, indecisi tra un divano da mettere davanti all'unica tv di casa o un computer, hanno optato per il primo per potersi godere finalmente tutti insieme un po' di spettacolo.
Ebbene, genitori, perché non seguire la stessa strada? Certo, generalmente la possibilità di accontentare i nostri figli con un regalo speciale per ognuno

generalmente c'è, ma non dimentichiamo un regalo alla famiglia.

Architetti d'interni

Un'attività interessante per gli adolescenti che non sono mai contenti è la riorganizzazione della loro camera. Date loro un budget e qualche catalogo (IKEA, grandi magazzini...): invitateli a stendere un progetto con relativo preventivo di spesa. Ci impiegheranno un bel po', per poi talvolta concludere che la loro camera va bene così com'è. In quest'ultimo caso fatevi allora aiutare a programmare la ristrutturazione e la ridisposizione dei mobili della cucina o di un altro locale. L'importante è che i ragazzi siano partecipi al progetto familiare.

Passiamo tutto in rassegna!

Non perdete l'occasione, magari quando il ragazzo passa da un ciclo di studi all'altro, dalla primaria alla secondaria oppure dalla secondaria inferiore a quella superiore, di prendervi un week-end per svuotare completamente la sua camera e fargli decidere come risistemare armadi, suppellettili e oggetti vari

in modo che sia poi comoda, pulita, ordinata a seconda delle sue esigenze.
Aiutatelo, sempre con atteggiamento positivo, a capire quali oggetti non gli servono più e possono essere regalati a chi ne ha bisogno (meglio se è proprio lui a suggerire una persona o un amico a cui destinarli), quali vuole tenere in una sorta di "baule dei ricordi", quali invece sono decisamente da buttare. Quante importanti conversazioni possono scaturire da questa attività fatta insieme!

Sfilata di moda
Quando la camera è finalmente in ordine, perché non organizzare anche una specie di sfilata di moda e capire a che punto è il guardaroba del vostro ragazzo o ragazza?
È l'occasione giusta per stabilire quale abbigliamento è opportuno nelle varie situazioni: a scuola (stabilite voi una sorta di uniforme, se l'istituto che frequenta non la prevede: jeans o pantaloni che coprano dalla vita in giù, t-shirt o polo non sgargianti né firmatissime, felpe o maglioni adeguati, scarpe comode da tenere pulite e allacciate); durante la visita ai nonni o ai parenti; per una festa tra amici; per una cerimonia particolare... Suggerite insomma ai vostri figli un abbigliamento sempre corretto. Cercate di

non polemizzare e di accettare i gusti in fatto di colori e di stile facendo però presente che in casa non sarà mai accettato un abbigliamento sconveniente. Fateli invece sfilare con abiti adatti e congratulatevi per il loro aspetto: trasmettete sicurezza e autostima.

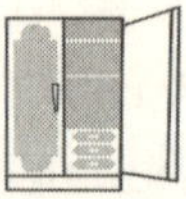

Tour operator o organizzatore di eventi

Date l'incarico al vostro adolescente di organizzare un week-end per tutta la famiglia. Primo, però, predisponete un budget: cercando su Internet (ovviamente sotto la vostra silenziosa sorveglianza), dovrà scegliere la sistemazione per dormire (stanza d'albergo, camera d'affitto, campeggio o, perché no, barca a vela...), i posti in cui consumerete i vari pasti e, naturalmente, il giro e/o le attività da fare. Nel budget dovranno rientrare tutti i biglietti d'ingresso a eventuali mostre o musei e i costi per i trasporti (autostrada, benzina o mezzi pubblici).

Alla fine vi presenterà il suo progetto. Se approvato... si parte!

Analogamente gli si può chiedere di organizzare un piccolo evento familiare come la festa di compleanno del nonno o quella per la Prima comunione della sorellina.

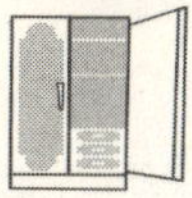

Il bel lavanderino (o la bella lavanderina)
Quando vostro figlio (o vostra figlia) protesta perché vuole i suoi jeans e la sua maglietta preferita puliti, chiamatelo (o chiamatela) a caricare la lavatrice spiegando bene come si divide la biancheria per colore e delicatezza dei tessuti. Verso i 13/14 anni può così prendere l'abitudine di farsi un suo ciclo di lavaggio il giovedì sera in modo da avere tutto pronto per il week-end. Insegnate anche a stendere, a ripiegare, a riporre le proprie cose. E magari chiedete gentilmente di lavare, con i suoi vestiti, anche i jeans del fratellino e quelli di papà: lo farà volentieri se gliene sarete riconoscenti anche solo con un bacio.

Non dimentichiamoci però la cosa più importante: con i figli dai 10 anni in su è sempre più determinante passare "tempo di qualità" insieme. Molti genitori, però, lo ritengono "impossibile" o addirittura "imbarazzante" perché "affermano di non saper cosa dire né cosa fare". Vi propongo dunque alcune

Attività per comunicare

Le proposte che seguono – soprattutto la prima, che giudico fondamentale – aiuteranno anche voi genitori a "essere

connessi", come tante volte i ragazzi ironicamente vi chiedono.

La lista delle preferenze

Proponete ai vostri figli, con fare sereno e scherzoso, di esprimere liberamente tutte le proprie preferenze in una serie di coppie di alternative che avrete preparato per loro tenendo ben presente lo stile di vita della vostra famiglia. Sotto trovate una lista d'esempio.

Io... che cosa preferisco?

Mare	Montagna
Tenda	Roulotte
Mattina	Sera
Leggere	Scrivere
Disegnare	Colorare
Dolce	Salato
Cantare	Ballare
Sole	Ombra
Cane	Gatto
Pianoforte	Chitarra
Camminare	Andare in bici
Pastasciutta	Minestra
Caldo	Freddo
Automobile	Moto
Città	Campagna

Libro	Tv
Bianco e nero	Colori
Fama	Ricchezza

Come vedete la lista potrebbe continuare all'infinito...

Naturalmente dovrete calibrarla all'età di vostro figlio. Se volete proporgliela già prima dell'adolescenza, a 8/9 anni, cominciate con pochi elementi. Per esempio

Leggere	Scrivere
Mangiare	Bere
Correre	Camminare
Palla	Bicicletta
Pastasciutta	Risotto

Solo dopo che il ragazzo o la ragazza ha evidenziato le proprie preferenze, segnate le vostre su una copia della stessa lista. A questo punto parlatene insieme.

Attenzione: non giudicate mai le vostre rispettive scelte; spiegatene solo le ragioni e divertitevi a interpretare l'uno il pensiero dell'altro cogliendone i pregi; cercate poi, se possibile, di trovare un punto d'incontro.

Se vostro figlio di 9 anni preferisce "leggere", forse amerebbe ricevere un vostro scritto. O forse desidererebbe scrivervi qualcosa che non riesce a dire; magari potete provarci insieme cominciando a buttar giù un vostro promemoria per una cosa importante.

Ma è con gli adolescenti che questa attività assume fondamentale importanza per conoscere le loro idee su un'infinità di argomenti. Se riuscirete a essere positivi e non giudicanti, vi si spalancherà un mondo davanti agli occhi e potrete entrarci partecipando attivamente, proprio come in un grande gioco!

Iniziate a connettervi con i vostri figli su argomenti banali come "pastasciutta o minestra"; a poco a poco, e man mano che cresceranno, riuscirete a parlare insieme di temi molto più importanti relativi non solo al vostro quotidiano (lavoro, scuola, amicizie, attività), ma anche a problemi della società: la crisi economica, la lotta per la sopravvivenza, la guerra, le scoperte scientifiche, le relazioni sociali...

Ovviamente il gioco delle liste può essere fatto anche in tre, quattro, cinque..., coinvolgendo gli altri membri della famiglia. Parlate sempre insieme senza denigrare nessuno, semplicemente esponendo con serenità le vostre opinioni per poi lasciare il tempo a ognuno di metabolizzarle e farsene una ragione.

Mi è capitato spesso a scuola di vedere che ragazzi, apertamente in disaccordo con i genitori, sostenes-

sero invece in classe proprio opinioni che avevano tanto discusso e contestato a casa. Evidentemente erano sedimentate dentro di loro e avevano trovato la loro ragione d'essere.
Un consiglio: quando fate queste importanti conversazioni, usate sempre il pronome IO, mai l'accusatorio TU.
Ovvero non dite mai "Tu sbagli", ma "Io penso che...". Ognuno trarrà poi le proprie conclusioni.

Gara di barzellette

Cari genitori, sorprendete i vostri figli con attività divertenti. Organizzate una gara di barzellette (se non ne conoscete, cercatele su "La settimana enigmistica" o su una delle tante raccolte in commercio). A turno ogni membro della famiglia ne racconterà una. Collegialmente si sceglierà il vincitore della manche valutando sia la scelta del testo più buffo sia la verve nell'esporlo. Si farà poi una finalissima tra le barzellette vincitrici delle diverse manche.
Questa attività insegna anche ai ragazzi a parlare in modo sciolto. E un po' di humour non guasta mai...

Ridolini domestico
Con uno degli strumenti elettronici che tutti ormai abbiamo a disposizione, girate insieme con i ragazzi un bel video di momenti familiari (vacanze, feste natalizie, occupazioni quotidiane noiose e non...) e chiedete a tutti i componenti della famiglia di interpretare dei ruoli comici o di imitare i parenti nei loro atteggiamenti particolarmente buffi.

Mamma e papà adolescenti
Quando siete con i vostri figli e non sapete che cosa dire, raccontate di quanto "imbranati" eravate alla loro età, rievocando qualche episodio buffo. Mostrate poi una vostra foto da adolescenti: eravate ben bruttini, soprattutto ai loro occhi! Vi scapperà certamente un sorriso contagioso.
Potete anche cercare su una bancarella qualche vecchia rivista risalente a quando voi genitori eravate ragazzi. Compratela e usatela per trascorrere una serata divertente con i vostri adolescenti.
Sfogliatela insieme e soffermatevi su fatti che a loro interessino: una partita di calcio, il matrimonio di un'attrice, un'invenzione dell'epoca. Discutetene assieme, chiedete loro che cosa ne pensano.
"Osserva come erano vestiti i giocatori. Come

avranno fatto a resistere al caldo torrido di quei giorni?"
"Guarda questa attrice: a me non sembra neanche bella."
"Che cosa ce ne faremmo ora di questa macchinetta da far partire a mano?"
Sono discussioni e confronti che sicuramente giovano a una maggiore condivisione di vita e abitudini.

Il gioco dello specchio (10-15 anni)

Se vedete che vostro figlio o vostra figlia ha la maglietta macchiata, portatelo/a davanti allo specchio, fateglielo notare e poi invitatelo/a a indossarne una pulita: offre tutta un'altra immagine! L'attività che vi propongo qui è simile, ma un po' più mirata. Quando avete tempo, andate insieme davanti allo specchio e chiedete ai ragazzi di dirvi che cosa piace o non piace a loro della vostra immagine. Poi parlatene. Queste conversazioni saranno molto utili per renderli coscienti di come gli altri li vedono e magari li giudicano. Sono ottimi punti di partenza anche per capire che non è l'abito che fa il monaco ma semmai il contrario: il monaco fa l'abito!
Poi, come vi ho mostrato nel Gioco dello specchio al capitolo 2 (pp. 75-76), può servire anche in questa fase per imparare a interpretare le emozioni.

Dopo averlo fatto potrete facilmente far notare a vostro figlio:
– "Vedi come è seria la mamma? Chiediamole che cosa possiamo fare per aiutarla".
– "Vedi come si diverte tua sorella? Domandiamole perché."
– "È appena salita in metro quella signora che sembra stanca. Lasciamole il posto a sedere."
– "Scommetto che la prof., mentre vi sgridava, aveva una faccia triste. So che voi tutti la preferite allegra. Che cosa dovete fare allora?"

E infine, cari genitori, comunicate, comunicate, comunicate con i vostri ragazzi! Chiedete loro di insegnarvi ad andare in skateboard o a fare canestro o a parlare in inglese. Chiedete, insomma, di farvi da guida in qualche cosa in cui sono più bravi di voi.

E poi aprite il cofano della macchina e, insieme, cercate di capire che cosa non va perfettamente prima di portarla dal meccanico.

Oppure guardate insieme una rivista di moda e fate i vostri commenti, magari anche solo per farvi una risata. Chi di voi andrebbe vestito così sul tram o al supermercato?

E ancora: vi accorgerete che quasi sempre i vostri figli più grandi vi si avvicineranno e vorranno fare lo stesso gioco che state proponendo al fratellino di 3 anni. Benissimo! Non cacciateli via né arrabbiatevi.

Per loro è un momento significativo: stanno inconsciamente rivivendo le emozioni di quando erano piccoli.

E a proposito di emozioni... Sono l'argomento di cui è più importante parlare con i ragazzi a partire dai 10-12 anni, quando smettono di vedere in bianco e nero e cominciano a "colorare" le proprie idee a seconda dell'emozione che vi associano.

Hanno preso un bel voto? Non solo si sentono felici ma anche molto intelligenti. La loro autostima cresce.

Hanno sbagliato un rigore? Certamente si incavolano, ma si sentono anche incapaci e inaffidabili. Questo li deprime e può persino spingerli a rinunciare a quell'attività.

Le emozioni non si possono modificare, ma i comportamenti sì. Perciò, parlatene serenamente con loro.

"Hai preso un bel voto? Bravo, non ho mai dubitato di te né della tua intelligenza!"

"Hai sbagliato un rigore? Capita a tutti. È solo un momento della tua carriera di sportivo. Chissà quanti ne dovrai superare."

Mentre parlate di emozioni, ricordate ai vostri figli che la vita è un continuo divenire e che spesso non attribuiamo la giusta importanza agli eventi: ne diamo troppa o troppo poca.

Soprattutto dai 13 anni in poi i ragazzi possono seguirvi in questi discorsi perché acquisiscono la percezione delle diverse sfumature emozionali. Capiscono la differenza tra "felice" ed "entusiasta", tra "confuso" e "incerto", tra il "piacere", il "desiderare fisicamente" e "l'essere innamorato". Se riuscirete a parlarne con loro, magari prendendo ad esempio fatti di cronaca, stabilirete un canale di comunicazione e di fiducia reciproca molto importante e aiuterete i vostri figli nel difficile momento di passaggio tra l'adolescenza e l'ingresso nell'età adulta.

Insomma, cercate sempre una connessione possibile. Basta pensarci, sono infinite.

5

Festa in famiglia (1-15 anni)

Finora abbiamo parlato di giochi. Ma i momenti più gioiosi nella vita di una famiglia sono quelli delle ricorrenze. In questo ultimo capitolo vi suggerirò quindi alcune attività – come sempre poco dispendiose – che potranno però ulteriormente arricchire quelle giornate già di per sé speciali, rendendo la vostra casa festosa e importante agli occhi di tutti i componenti, quasi fosse il palazzo di una famiglia reale.

Prima di cominciare con le proposte, devo fare però una premessa necessaria. È indispensabile che l'atteggiamento dei genitori sia sempre positivo: smettiamola di lamentarci e valorizziamo al massimo quello che abbiamo!

E ora iniziamo con i

Compleanni

Quando i bambini sono piccoli, la festa, secondo me, deve limitarsi ai parenti più stretti: i genitori, i fratelli e le sorelle, i nonni e, se disponibili, gli zii. Bastano una torta o qualche pasticcino, un bicchiere di spumante e tante chiacchiere serene su quanto il piccolino sia cresciuto. Fino ai 3 anni, infatti, il bambino non si rende conto del perché della festa, ma è soltanto felice dell'attenzione che gli si concede.

Dai 3 anni, si può fare una semplice festa in famiglia, ma la si può vivacizzare per il bambino con questi giochi.

Ma dov'è il mio nipotino?

I bambini amano nascondersi ed essere cercati. Nel giorno della sua festa, nonni e zii prestatevi a questo gioco con il vostro nipotino! Fingete preoccupazione per il fatto di non vederlo (mentre magari è davanti a voi con le mani sugli occhi) e quando lui vi si presenterà "uscendo" dal suo nascondiglio accoglietelo con grandi feste. Poi potrete proporgli di nascondere (o di nascondergli) il suo peluche preferito e altri oggetti.

Torniamo bambini per un giorno!

Nonni e zii invitati alla festa, ricordatevi che state festeggiando il cucciolo della famiglia e che siete tutti riuniti per lui. Lo ricordo perché spesso, in queste occasioni di incontro della famiglia, gli adulti parlano tra loro, senza badare più di tanto al piccolo festeggiato. Non fate questo errore! Dedicatevi a lei cullando e ammirando la sua nuova bambola e mangiando i cibi prelibati che vi offrirà sul servizio di piattini di plastica, e a lui guidando il nuovo trenino o la macchinina che gli avete magari regalato voi stessi, o fate insieme un concertino suonando il nuovo xilofono.

Perché vostro figlio venga festeggiato anche dagli amichetti della scuola materna, potete fargli portare in classe una torta – rigorosamente confezionata e sigillata, per disposizione di legge – o un sacchetto di caramelle in numero sufficiente per ogni bambino che consegnerete all'uscita direttamente ai genitori. In genere le educatrici dedicano con piacere un po' di tempo al festeggiamento degli alunni, e ogni scuola dell'infanzia ha la sua tradizione in tal senso, quindi non sarà necessario che organizziate voi altre cose. Se poi vorrete essere originali, potrete eventualmente portare in classe delle carte particolarmente belle per fare una corona speciale al vostro bambino, concordandolo sempre in ogni caso prima con le educatrici.

Tra i 4/5 e i 10 anni, io sconsiglio vivamente le feste organizzate dalle agenzie specializzate. È molto meglio avvalersi dell'aiuto di fratelli più grandi, cugini o dei ragazzi dei vicini di casa.

Potete dare appuntamento al termine dell'orario scolastico in un giardino (parco giochi, cortile, oratorio...) se il tempo lo permette, altrimenti a casa vostra, limitando la durata della festa a non più di due ore e il numero degli invitati a non oltre i 10 bambini; i genitori (tranne uno o due che possono restare per aiutare chi organizza) non devono fermarsi per evitare di intromettersi troppo nei festeggiamenti. Appena tutti sono arrivati, spegnete le candeline e tagliate la torta. Subito dopo si deve essere pronti per tanti giochi. Se sarete all'aperto, oltre a molte proposte di movimento e non, presenti nei capitoli precedenti, potete ricorrere a...

Tiro alla fune

È un gioco classico, ma vi assicuro che appassiona sempre molto i bambini. Portate alla festa una fune lunga diversi metri e fate dividere i bambini in due squadre, equilibrando le forze tra i loro componenti. Al vostro "Via!" tutti incominceranno a tirare, chi da un lato chi dall'altro, e vincerà la squadra che sarà riuscita a trascinare l'altra nel proprio spazio di campo.

La corsa delle scarpe

Tracciate le linee di partenza e di arrivo della corsa. Poi fate togliere a ciascuno dei partecipanti una scarpa e andate a depositarle tutte dietro la linea di

arrivo. Date il via: i concorrenti dovranno raggiungere il più in fretta possibile il traguardo saltando su un piede solo, recuperare la propria scarpa, rimettersela per bene e ritornare al punto di partenza correndo.
Se alcuni bambini indossano scarpe con i lacci e altri senza (a strappo), create due categorie distinte.

La palla sotto il ponte

Quello che vi propongo ora è solo uno dei tantissimi giochi che si possono fare con una palla, oggetto insostituibile in un parco e con il quale il divertimento è in ogni caso assicurato.
Fate disporre tutti i bambini – tranne Carletto – in cerchio, mano per mano e con le gambe allargate in modo che i piedi tocchino quelli dei vicini. Carletto avrà in mano la palla e, girando intorno agli altri, a un certo punto la getterà fra le gambe di un amichetto, che dovrà essere pronto a stringerle per non farla passare. Se la palla passa, deve subito correre a prenderla per lanciarla contro Carletto, il quale starà facendo due giri intorno al cerchio. Se dopo due giri Carletto non sarà stato colpito dalla palla, l'amichetto uscirà dal gioco. Quando la palla entra nel cerchio gli altri bambini devono stare attenti a non farla uscire dall'altra parte, pena squalifi-

ca di chi la fa passare sotto il suo "ponte", quindi tutti devono muovere i piedi, senza però rompere il cerchio o prendere in mano la palla. Il gioco termina quando in cerchio rimane un numero insufficiente di bambini.

Gli animali senza tana
Ogni bambino è un animale e ognuno prende possesso di una "tana" (un albero, un vaso, un angolo del cortile). Uno resta nel mezzo – per esempio il gatto – e ha due possibilità: o grida il nome di un frutto, e in questo caso tutti i bambini devono cambiare tana e il gatto ne approfitterà per impossessarsi anche lui di una tana, oppure grida il nome di due o più animali, i quali dovranno scambiarsi la tana, anche in questo caso con il rischio di perderla. Se per tre volte il gatto resterà senza tana, verrà squalificato.

Se invece la festa si svolgerà in casa, dove naturalmente le possibilità di movimento saranno ridotte, oltre ai tanti giochi presentati nelle pagine precedenti vi suggerisco:

"Ciuf ciuf, parte il treno"
I bambini si dispongono in cerchio e ogni bambino sceglie di essere una città. A turno i bambini diran-

no, sempre più velocemente: "Ciuf ciuf, parte il treno diretto a...". A questo punto il bambino a cui si è arrivati nel cerchio dirà il nome di una città fra quelle scelte dagli altri suoi compagni, e l'amico così "chiamato" dovrà riprendere il gioco dicendo: "Ciuf ciuf...".

Coda d'asino

Disegnate su un foglio o un cartone 50 x 70 cm la sagoma di un asino e su un foglio a parte la sagoma di una coda, alla quale attaccherete del nastro biadesivo. A turno benderete i bambini che dovranno riuscire a posizionare la coda nel punto giusto. Vincerà chi l'avrà posta nel punto che più si avvicina a quello corretto.

Chi sei?

Un altro gioco che divertirà sicuramente i vostri bambini è questo. Bendate un bambino e fate disporre gli altri in cerchio. Quello bendato dovrà riconoscere l'identità degli altri solo attraverso il tatto, toccando – delicatamente – il loro viso e i loro capelli. Al primo errore, si benderà un altro bambino: vince chi avrà riconosciuto il maggior numero di bambini.

Caccia al tesoro

Sarà una fatica per voi genitori, ma poi sarete ricompensati dalla soddisfazione di aver organizzato per la festa di vostro figlio qualcosa che lo ha davvero divertito. Mi riferisco all'intramontabile caccia al tesoro, che ho già citato nelle pagine predecenti ma che richiamo qui perché è il gioco per eccellenza delle feste di compleanno per bambini. Potrete tranquillamente organizzarla in casa, incentrando le prove soprattutto su indovinelli, labirinti da risolvere, puzzle da completare. I bambini certo non si annoieranno... e voi neppure!

Servizio fotografico della festa

Questa attività può essere utile nelle feste in casa quando, terminati i giochi, state aspettando che i genitori vengano a prendere i vostri piccoli ospiti. Per realizzarla è necessario che la festa abbia un "fotoreporter designato", ovvero un fratello grande o un cugino dotato di macchina fotografica digitale e magari con un gilet di carta bianca su cui sia disegnata una grande macchina fotografica. Questi avrà scattato fotografie spontanee e buffe durante tutta la festa.

Nell'attesa dell'arrivo delle mamme e dei papà queste immagini potranno essere mostrate a tutti i bambini a computer. Passerete alcuni minuti facendo belle risate.

Alla fine della festa potrà essere distribuito un regalino per tutti: una figurina, una caramella, una matita colorata, una pallina da ping-pong oppure...

Foto nella sagoma
Prima della festa procuratevi un cartone di circa 90 x 40 cm. Praticatevi un buco in cui possa passare la testa di un bambino, collocandolo in modo tale che l'ospite riesca a reggere il cartone davanti a sé coprendo l'intera figura e mostrando solo il viso. Disegnate un personaggio sul cartone – Winnie Pooh, una fata, un leone... –, lasciandone il volto nel buco.
Al termine della festa, munendo un fratello più grande di macchina fotografica digitale e di stampante (il "fotoreporter designato"), invitate tutti i bambini a farsi immortalare a uno a uno mentre reggono la sagoma davanti a sé. Il bellissimo miniregalo di fine festa sarà proprio questa fotografia, possibilmente stampata o altrimenti mandata via mail alle mamme.

Quando i figli crescono, in genere le "pretese" per la festa di compleanno aumentano. Vi voglio però suggerire qualche alternativa: perché non festeggiare con una gita in tre-

no, un giro in bicicletta, una giornata di sci... Insomma, uscite dai soliti schemi e godetevi invece un'esperienza diversa dedicata al festeggiato.

La mia passione per un giorno

Sorprendete vostro figlio o vostra figlia con una giornata in cui possa fare qualcosa che lo diverte. Gli piacciono i cavalli? Trovate un maneggio nel quale possa provare a cavalcare. Desidererebbe remare? Perché non andare insieme in un centro di canottaggio? Ama la musica? Ecco i biglietti per accompagnarlo a un concerto. Invece di tanti regali sciocchi e ugualmente dispendiosi, fategli trovare un buono che descriva esattamente l'attività che volete regalargli e organizzatela assieme a lui. Se poi rientra nel vostro budget, invitate anche il suo amico del cuore con il quale fargli condividere l'esperienza.

Scopriamo il mondo

Il compleanno di vostro figlio potrà essere anche una bellissima occasione per trascorrere una giornata o un week-end fuori porta, invece di spendere magari la stessa cifra per organizzare una festa in un locale con animatori e tanta confusione. L'Italia è un Paese meraviglioso che nasconde piccole perle praticamente ovunque. Sicuramente a pochi minuti da

casa vostra ce n'è una e magari non avete ancora trovato il tempo per andarci: approfittate di questa festa familiare per farlo!
Per i ragazzini, inoltre – penso in particolare a quelli di città –, il mondo degli animali è pressoché sconosciuto: perché non trascorrere il loro compleanno in uno dei tanti agriturismi disseminati lungo tutta la Penisola che offrono la possibilità di mungere le mucche o fare il formaggio?

Se invece il vostro ragazzino (o la vostra ragazzina) vuole proprio organizzare una festa da ballo, fatevi aiutare da lui (o da lei) a sgombrare il salotto di casa, procurate salatini e Coca-Cola, preparate lo stereo, avvertite i vicini del probabile disturbo fino (e non oltre) la mezzanotte. Poi chiudetevi in camera vostra, ma non abbandonate il campo; anzi, alternatevi – mamma e papà – a seguire il catering in modo da essere sempre presenti sul campo.

Quanto agli inviti – che ovviamente avrete concordato con vostro figlio – potete proporgli

Cartoncini simpatici di invito

Suggerite a vostro figlio di scrivere a computer un biglietto di questo tipo (magari arricchito da spiritosaggini personali):

Divento vecchio...
Sabato 18 aprile 2011 compirò 13 anni!

Sei invitato alla mia festa.
È necessario vestirsi con jeans e polo blu o verde o rossa (i miei colori preferiti!).
Scarpe qualsiasi, tanto poi dovrai togliertele all'entrata!
Porta un cd della tua musica preferita: ognuno avrà diritto a 10 minuti del suo.
Sappi che la festa finirà inderogabilmente alle 23,30.
Sappi che ci saranno i miei genitori, ma i tuoi in casa non ci stanno!
Per favore, dimmi se verrai.
Metto il cellulare dei miei in caso i tuoi vogliano parlarne con loro.

Visto che stiamo parlando di feste, passiamo a quelle "comandate" che sono momenti di gioia importanti per ogni famiglia. Non possiamo che cominciare che con il

Natale

Io preferisco festeggiarlo in modo tradizionale, anche se qui vi darò qualche suggerimento particolare. Per riuscire a entrare pienamente nella sua autentica atmosfera di gioia e di condivisione, è a mio avviso bene cominciare a pensarci molto prima, direi dall'inizio di novembre. Ma soprattutto è indispensabile che voi genitori viviate la

magia del Natale, perché solo così saprete trasmettere il giusto atteggiamento ai vostri figli, proteggendoli dai richiami del consumismo sfrenato che domina la nostra società. Parlando di "magia del Natale", intendo ciò che ne fa la festa dell'accoglienza, della condivisione, della serenità genuina ovvero quella sensazione che nasce dalla felicità di donare, non di ricevere. Che crediate nella nascita di Gesù oppure in quel pazzerellone di Babbo Natale (io credo fermamente in entrambi contemporaneamente!), non perdete mai la "capacità magica" che c'è in ognuno di noi nei riguardi, anzitutto, dei nostri figli ma anche delle persone a cui vogliamo bene.

Ma vediamo ora qualche idea per preparare insieme l'atmosfera del Natale.

Lo scaffale di Natale

All'inizio dell'anno liberate uno scaffale in un armadio o nel ripostiglio e adibitelo a "scaffale di Natale". Nel corso dei mesi, ogni volta che trovate – questo vale per genitori, ragazzi e bambini, ovviamente – un oggetto che ricorda il Natale (nastri da pacchetto regalo rossi, verdi, oro..., cartoline con vedute invernali, tanta neve e cielo azzurro, bicchieri di plastica rossi scovati al mercatino, pigne trovate nel bosco durante una gita in montagna, quei tre piccolissimi gnomi dal cappello rosso a punta...) andate a riporlo lì. In questo modo, nell'imminenza delle feste, troverete facilmente a portata di mano

materiali utili per decorare la casa anche in modo originale.
Allo stesso tempo potete creare un "angolo natalizio" nella libreria in soggiorno, dove mettere libri, riviste, dvd e cd in tema accumulati negli anni.
Ecco che, improvvisamente, il 20 novembre potrete disporre tutti questi libri in bella vista sul tavolino del soggiorno o addirittura accanto al televisore.

Storie di Natale
Dal 1° al 24 dicembre, ogni sera subito dopo cena, regalatevi un quarto d'ora per leggere tutti insieme in soggiorno una storia di Natale, attingendo proprio dall'angolo natalizio della vostra libreria (vedi attività precedente).
Ci sono storie di Natale per ogni età, da quelle semplicissime per i più piccini ai grandi classici. Potrete anche rileggere le stesse da un anno all'altro, magari solo con poche aggiunte o sostituzioni. Avrete così creato un bellissimo rito, utile per parlare di generosità e condivisione, valori positivi sempre presenti in queste storie natalizie e importantissimi in ogni stagione della vita.
(Agli adulti consiglio vivamente di leggere, di Giovanni Guareschi, "La favola di Santa Lucia" contenu-

ta in *Don Camillo e il suo gregge*, Bur, Milano 1995, e *Baffo racconta*, Bur, Milano 2006.)

Decorazioni per la casa

La prima condizione è che le facciate tutti insieme, genitori e ragazzi, come in un grande gioco. Poi potete sbizzarrirvi con la fantasia e naturalmente assecondando i vostri gusti. Un'idea semplicissima è quella di fare fiocchetti rossi (o blu oppure oro, nel colore insomma che desiderate dare al vostro Natale) con i nastri da pacchetto regalo per poi legarli a tutti i chiodi dei quadri appesi.

Un'altra decorazione abbastanza semplice sarà quella che otterrete preparando ghirlande di diversi materiali: potrete rivestire delle spirali di vimini – o di altri ramoscelli flessibili – con nastri di stoffa e chiodi di garofano, pezzi di cannella e anice stellato attaccati a un filo di ferro così da formare fiorellini, oppure con campanelle e deliziosi riccioli di lana rossa (che otterrete avvolgendo un filo di lana intorno a un ferro da calza, immergendolo per cinque minuti in acqua bollente e lasciandolo asciugare).

Potrete poi fare delle bellissime decorazioni, per l'albero ma anche per addobbare la casa, acquistando delle palline di polistirolo di diverso diametro, incidendole in modo da formare quattro spicchi e rico-

prendole con delle toppe di tessuto che verranno fissate premendo con uno strumento sottile in corrispondenza della linea di incisione che verrà poi ricoperta con della passamaneria.
Infine, per delle decorazioni davvero artistiche e... dorate, ecco le formine di rame. Procuratevi uno o più fogli di rame e tracciatevi il contorno della decorazione che volete realizzare. Tagliate la forma (sarà bene che lo facciate voi genitori, magari indossando dei guanti da giardinaggio per non ferirvi), ponetela su un giornale e fate sbizzarrire il vostro bambino con le incisioni. Potrà utilizzare una penna, un tagliapasta a rotella, un cacciavite a stella... Non dimenticate alla fine di fare un foro in cui dovrà passare il filo per appendere la decorazione.

Biglietti... stesi

Se avete una parete libera in corridoio, nell'ingresso o in soggiorno, appendete una corda colorata e attaccatevi tutti i biglietti di auguri che ricevete utilizzando alcune mollette da bucato in legno che avrete fatto decorare con i pennarelli dai vostri bambini. Potete poi ulteriormente abbellirla con i fiocchetti colorati (cfr. attività precedente).

Biglietti d'auguri fai-da-te

Un'attività utilissima è quella di far preparare ai bambini gli auguri da spedire a chi ci è caro e magari è lontano. Certo, potete farli anche assieme a loro a computer... ma perché privarli della gioia di scriverli e decorarli a mano, secondo l'estro del momento e con qualche parola affettuosa!

Mettete a disposizione dei vostri figli pennarelli vari e alcuni fogli A4 bianchi e colorati (blu, rosso, verde bottiglia sono colori natalizi su cui si possono utilizzare pennarelli bianchi, oro e argento; un consiglio: quelli a punta fine durano di più).

Dite al bambino a chi è diretto l'augurio che si accinge a scrivere e decorare (la maestra, lo zio, l'amico del mare...). Questo lo aiuta a pensare alla persona e a creare qualcosa di personalizzato. Lasciatelo poi libero di esprimersi come vuole. Vedrete che salteranno fuori tante idee, probabilmente quelle che avranno sentito nelle storie che avete loro raccontato ogni sera.

Dei biglietti un po' più complessi da realizzare, ma di sicuro effetto sono quelli che quando si aprono rivelano finestre e piani sfalsati. I vostri amici non crederanno che possiate averli fatti voi, ma vi assicuro che sono più semplici di quanto si possa pensare. Pronti? Procuratevi un cartoncino misura A4, per esempio rosso. Piegatelo a metà del lato lungo e sul bordo disegnate a matita un rettangolo, del

quale inciderete (con un tagliabalse, o con delle forbicine se non l'avete) i due lati corti. A questo punto piegate questo rettangolino verso l'interno: quando aprirete il biglietto vedrete che si è formato un gradino. Decorate questo cartoncino come preferite, per esempio incollando il disegno di un albero di Natale sul gradino in modo che aprendo il cartoncino risalti rispetto alle altre decorazioni.
Ecco un altro biglietto che al vostro bambino piacerà molto realizzare: prendete un cartoncino scuro e tagliatelo a metà. Su una metà fate fare delle incisioni con un tagliabalse (il profilo di una città con le sue casette, un albero di Natale...) in modo che le figure mantengano un perimetro di cartoncino (per esempio tra una casetta e l'altra). Se vi procurerete una spugna e della tempera bianca il vostro bambino potrà divertirsi poi un mondo a realizzare bellissimi paesaggi innevati mettendo il cartoncino inciso sopra quello integro e applicando un sottile strato di tempera con lievi colpetti di spugna.

Pigne, rametti di pino, mele e candeline!

Prendete un cestino di paglia o una ciotola di legno. Metteteci dentro alcune pigne e qualche castagna che avrete raccolto in una passeggiata in montagna, poi aggiungete un po' di noci, noccioline e un paio di meline rosse piccole e lucidate. Se avete tempo, potete anche far pitturare, magari in color oro o argento, le pigne e la frutta secca. Decorate il tutto con i soliti fiocchetti rossi e con qualche rametto di pino che conferirà anche un buon profumo. Potrete anche aggiungere qualche mandarino nella cui scorza avrete inserito dei chiodi di garofano. Alla fine conficcate nelle mele due candeline bianche. Sarà un centrotavola perfetto per le occasioni di saluto natalizio con gli amici oppure potrete persino regalarlo loro se vi inviteranno per un brindisi nell'imminenza del Natale.

Viva il primo germoglio!

Quella che vi propongo ora è una simpatica usanza dei Paesi nordici. Durante una gita domenicale fuori porta, raggiungete un boschetto, tagliate insieme con i bambini la parte terminale di rami di arbusti che troverete sicuramente spogli ma non completamente secchi. Fate in modo che ogni componente della famiglia ne raccolga almeno tre di tipo diverso. Ognuno legherà il proprio mazzo con una cordicella di colore differente in modo da poterla riconoscere. Una volta arrivati a casa, tutti sistemano i propri rami in un grosso vaso riempito con 5 dita d'acqua, che nei giorni seguenti dovrà essere mantenuta allo stesso livello, e che verrà tenuto in casa a temperatura ambiente. Molto probabilmente per Natale o Capodanno i rametti avranno germogliato. La credenza vuole che il primo ramo a germogliare porta fortuna al suo proprietario e di conseguenza a tutta la famiglia! Generalmente proprio quel ramo mette anche radici e si potrà quindi piantare in un vaso sul balcone a primavera.

Presepe o albero di Natale?

Io non ho mai avuto dubbi: tutti e due. Ognuno di voi sceglierà secondo le proprie abitudini, convinzioni e preferenze.

Quello che in questa sede ci interessa è che anche la preparazione dell'uno e dell'altro può diventare un'attività divertente e proficua da fare insieme con i propri figli di diverse età. L'allestimento del presepe, soprattutto, è occasione di tanti discorsi profondi e allo stesso tempo sereni e positivi. In questi momenti, comunque, ancora una volta il mio invito è di lasciar fare i bambini: il piccolino di casa sposterà continuamente le pecorelle e san Giuseppe con loro, riempirà la carta blu di stelle e brillantini, aggiungerà forse l'indiano, che non disturberà certo la scena generale.

L'albero di Natale è invece la decorazione più semplice da realizzare e porta luce e allegria all'inizio

dell'inverno. Mantenete però anche qui la vostra tradizione familiare: conservate palline e oggetti da appendere cari a voi e ai vostri bambini. Poi lasciate che siano proprio loro ad aiutarvi a decorare l'albero. Magari, proprio all'inizio di dicembre, fate una riunione di famiglia per decidere come realizzarlo: per esempio, tutto di un colore, appendendo oggetti fatti in casa... Se non volete spendere troppi soldi, ricorrete ai soliti fiocchetti colorati: tutti bianchi come tanti fiocchi di neve, rossi come il fuoco, giallo oro luccicante, blu e argento come il cielo stellato.
E, invece del classico abete, possono bastare alcuni rami tagliati nel bosco e decorati con fiocchetti e illuminati da una pila accesa posta dietro il vaso che li contiene.

È Natale anche a prima colazione!
La sera della vigilia, prima di andare a letto, preparate la tavola della prima colazione di Natale. Questo va fatto dai genitori, senza che i bambini se ne accorgano. Basta una semplice tovaglia bianca decorata agli angoli con i soliti fiocchetti rossi che attaccherete con spille da balia. Poi si possono utilizzare alcune tazze rosse (anche di plastica) e dei cucchiaini di plastica blu che risaltano sui tovagliolini di carta rossi. Inoltre potete ritagliare per

ognuno un Babbo Natale (da un foglio di carta da regalo o da una rivista) e appoggiarvi sopra i suoi biscotti preferiti. Qualche cioccolatino completerà il tutto.
Quando i bambini si sveglieranno, dovrà essere tutto pronto perché loro saranno eccitati nell'attesa di aprire i regali, ma la sorpresa della bella tavola in cucina li convincerà a far colazione con gioia.

Magie di Natale
Genitori, create magia e credeteci anche voi! Che cosa, se non la magia, vi permette di trasformare mezzo chilo di mandarini in sette pacchettini colorati messi in fila come un trenino proprio sotto l'albero? Che cosa, se non la magia, fa sì che al vostro ragazzino di 12 anni possa arrivare in regalo il bigino di storia visto che sul libro (troppo complicato e noioso) non la studia mai? E quella nuova camicia da notte per Sandra... non sarà la magia a farlo sembrare un abito da principessa?
Provare per credere! Ma vediamo altri trucchi "magici".

Per esempio spargete in terra un po' di paglia e dite ai bambini che l'hanno lasciata le renne di Babbo Natale con le loro zampe sporche.

La sera della vigilia invitate i bambini a preparare pezzettini di carote per le renne che poi farete sparire prima del loro risveglio.
Analogamente, la sera del 24, fate preparare dai bambini latte e biscotti per Babbo Natale che se li mangerà e lascerà anche un biglietto di ringraziamento.
Preparate un pacchetto delle pile occorrenti per i giochi regalati e mettetelo sotto tutti gli altri. Così si dileguerà solo all'ultimo la delusione di non poter far funzionare i giochi nuovi!

E dopo il pranzo...
Ogni famiglia ha le sue tradizioni su come trascorrere la giornata del 25 dicembre, ma voglio comunque esortarvi anche in questo caso a lasciare spazio e dare attenzione ai vostri bambini. Certo, la nonna magari da tanto non incontrava la consuocera e ha tante cose da raccontarle e la mamma è impegnata in cucina o a chiacchierare con la cognata, ma non dovete dimenticare che la magia del Natale nelle famiglie che hanno la fortuna di essere riscaldate dalla presenza di bambini è data principalmente da loro. Vi voglio suggerire alcune attività che potrete fare a tavola, dopo pranzo, magari quando state aspettando il caffè: invitate Carletto a raccogliere i gusci

delle noci che avete mangiato e a creare delle barchette a vela con gli stuzzicadenti, oppure a prendere la mollica dai pezzi di pane avanzati sulla tavola e a lavorarla in modo da modellarla, e infine, chiedetegli di prendere tutti i tappi di sughero delle bottiglie che sono state aperte e formare dei personaggi unendo i vari tappi con degli stuzzicadenti. Sarà poi divertentissimo animare tutti insieme questi personaggi!

La Pasqua è la festa della primavera o, se vogliamo, di un nuovo inizio. La natura ci offre i suoi germogli, il cielo ridiventa azzurro, il vento spinge le nuvole come se fossero tante barchette bianche, i ragazzini sanno che la ricreazione si fa di nuovo nel cortile della scuola, a merenda c'è il gelato, si può leggere un libro anche sulla panchina del parco... Insomma, stanno succedendo tante piacevoli cose e perciò la Pasqua può essere piena di giochi-avventura!

Pasqua

Anni fa – ricordate le vostre mamme? – si facevano le pulizie di Pasqua proprio per rinnovare al meglio la casa. Può essere un gioco da fare con i nostri figli nei loro spazi e, se ce l'hanno, nella loro cameretta. Per questo vi rimando a p. 188. Un'attività analoga può essere fatta al

momento del cambio di stagione (cfr. pp. 185-186 gioco Sfilata di moda). Qui ricordate ai vostri figli che quello che loro scartano, se pulito, in ottimo stato e impacchettato per bene, può essere donato ai bambini meno fortunati. Abituateli a questi minimi gesti di condivisione: rimarrà in loro il buon senso di una continua attenzione al miglioramento della vita altrui. Ma ora vediamo alcuni giochi.

Caccia all'uovo

Durante le due o tre settimane prima di Pasqua, andate a cercare nei dintorni della vostra città un prato, un boschetto, uno spazio sicuro all'aperto (magari l'aia di un agriturismo) dove progettare una bella caccia all'uovo.

Per il giorno di Pasqua o di Pasquetta potete preparare per ogni bambino un uovo di cartone o di plastica in cui avrete inserito una sorpresa scelta da voi. Per esempio, potreste mettere una sciarpa colorata per la ragazzina vanitosa, un paio di occhiali da sole per il bambino con gli occhi chiari tanto sensibili, un puzzle colorato che illustra galline e pulcini in libertà per il piccolino...

In alternativa potete utilizzare dodici (o ventiquattro, trentasei...) uova sode. Sul guscio di ciascuna scrivete con i colori commestibili un numero da 2 a 13 e una parola-indicazione per trovare l'uovo successivo.

Se i bambini che fanno la caccia sono tanti, potete organizzare tre piste usando per ognuna un colore commestibile diverso.
Le indicazioni possono essere:

Uovo 1 (alla partenza): **2 = basilico** (vuol dire che l'uovo 2 si trova vicino a una pianta di basilico)

Uovo 2: **3 = pollaio** (vuol dire che l'uovo 3 si trova vicino al pollaio)

Uovo 3: **4 = porta grande**

Uovo 4: **5 = stufa cucina**
E così via.

Lo stesso gioco può essere fatto anche in casa, dove le indicazioni diventano:

Uovo 1 (alla partenza): **2= frigorifero**

Uovo 2: **3 = balcone**

Uovo 3: **4 = televisione**

Per la caccia all'uovo dotate ogni bambino di un sacchetto perché, per meritare il premio finale (il suo uovo vero!), dovrà riconsegnare tutte le uova intatte e sgusciarle poi insieme agli altri per la cena di Pasqua. Uova e insalata di stagione, poi naturalmente colomba e cioccolato a volontà.

Colori naturalissimi!
Sotto Pasqua tutti i supermercati hanno prodotti adatti a colorare il guscio delle uova, ma lo si può fare anche mettendole a bollire con gli spinaci freschi tritati per ottenere il verde, con le barbabietole per avere il rosa o il viola, con lo zafferano per il giallo... Divertitevi tutti insieme con fantasia.

Piatti figurati
Questo gioco simpatico consiste nel tagliare le uova sode a fettine o a spicchi e invitare i bambini a comporre piatti figurati a piacere usando anche verdure di stagione, ugualmente tagliate a fettine o a spicchi (carote, pomodori, cetrioli, finocchi, barba dei frati per far capelli e barba...). Ogni sera della Settimana Santa potrete far preparare loro un piatto diverso e gradevole anche da vedere oltre che da mangiare. E difficilmente i bambini rifiuteranno di mangiare il "loro" piatto!

Fonduta alla frutta
Con il cioccolato delle uova avanzato organizzate una bella fonduta alla frutta. Tagliate la frutta (me-

le, pere, banane, fragole... insomma: tutta quella che avete in casa) a pezzetti e lasciate che ognuno ne infilzi un cubetto a piacere in uno spiedino di legno. Poi potrà intingerlo nel cioccolato caldo. Una delizia!

Corsa con le uova

Stabilite un percorso di circa 10 metri (o tarate la lunghezza sui bambini o ragazzini presenti) in un prato o in un luogo all'aperto (non in casa perché si romperanno un po' di uova). Segnate per terra la linea di partenza che i piedi di ogni concorrente non devono superare. Poi consegnate a ciascuno un cucchiaio da minestra su cui viene appoggiato un uovo.

I concorrenti devono percorrere la distanza tenendo ben disteso davanti a loro il braccio con cui reggono il cucchiaio e non devono far cadere l'uovo.

Il primo percorso va fatto camminando e chi arriva per ultimo è eliminato.

Il secondo percorso va fatto correndo e prevede un'eliminazione con lo stesso criterio.

Il terzo percorso va fatto saltando a pie' pari.

Il quarto percorso saltando su un piede solo (eventualmente, se troppo difficile, il percorso può essere abbreviato).

Per il vincitore (o per i vincitori se più d'uno sarà riuscito a non far cadere il proprio uovo) ci sarà una bella sorpresa!

Pulcini!

Vi suggerisco un'esperienza che ho fatto tanti anni fa quando avevo i figli piccoli. Dovreste trovare – come me – un contadino disposto a "prestarvi" alcuni pulcini vivi, magari quando siete in vacanza in montagna o in campagna. Potete tenere con voi i pulcini per una quindicina di giorni in un grosso scatolone di cartone (base 60 x 70 cm) sul fondo del quale avrete messo dell'erba. Bastano poi una ciotola d'acqua e un po' di semini. Alla fine dei quindici giorni riportate i pulcini al contadino in modo che possano continuare la loro vita nel pollaio.

I miei bambini sono stati entusiasti di questa esperienza. Guardavano affascinati i pulcini e, appena ne avevamo il tempo, li portavamo in un praticello vero vicino a casa dove li lasciavamo liberi di scorrazzare. Ma – vi assicuro – i pulcini non si allontanavano molto dallo scatolone ed era facile riprenderli e riportarli a casa.

Concerto di campane

Perché non organizzare un concerto di campane? Si sa, a Pasqua le campane suonano a festa.

I negozi di giocattoli o persino alcuni ferramenta vendono semplici campanelli con varie tonalità. Compratene uno diverso per ogni componente della famiglia ed esercitatevi a suonare brevi melodie.

In alternativa, potete usare strumenti caserecci: un coperchio e un cucchiaio di legno, un bicchiere tintinnante da battere con la forchetta, un robusto vaso di vetro, il tagliere da picchiettare con il mescolo grande. E magari la vostra Sandra può accompagnare il tutto con il flauto che ha imparato a suonare a scuola.

Il concerto può essere offerto ai nonni che vi hanno invitato a pranzo proprio il giorno di Pasqua. Ma non diteglielo prima: deve essere una sorpresa!

"Perciò gioca molto e spesso ... Non vorrai svegliarti un giorno con il rimpianto di non aver giocato abbastanza, vero?"

Ray Strobel

da *Un occhio nero non è la fine del mondo*

E ricordatevi che non è vero che quando si è vecchi non si gioca più, ma è assolutamente vero che si diventa vecchi proprio perché non si gioca più!

Buon gioco a tutti!

Indice

Introduzione 7

1 – Giocare per scoprire (1-3 anni) 13

Giochi con l'orsetto 14
L'orsetto si lava le mani – L'orsetto gioca con la palla – E adesso l'orsetto va a nanna – L'orsetto ordinato – L'orsetto forzuto – L'orsetto e i suoi amici – L'orsetto segue le istruzioni

Giochi con le mani 19
Giochiamo a toccare – Giocare con la farina gialla – Un piccolo artista – I primi collage – Viva la musica

Giochi alla scoperta del mondo 23
La cesta dei tesori – Acqua magica – Accendo e spengo la luce – Cade la torre – Apri e chiudi –

Ascolta... dove è andato? – Le scatolette rumorose – Il mondo in un libro

Scenette "scaccia-capricci" 31
La telefonata – La cena movimentata – L'angolo del sonno

Basta un pizzico di magia 34
L'oggetto magico – La borsa magica

Il baule magico (2-3 anni) 36
Scatola n. 1 (2-3 anni). Rompicapi che passione! – Scatola n. 2 (2-3 anni). Colori, colori, colori – Scatola n. 3 (2-3 anni). Oggi misuro io – Il cartellone della giornata (e della settimana)

Storielle e attività "scaccia-paure" 44
Accendi e spegni il sogno – I camion sull'autostrada del cielo – "Vorrei quel gioco, ma... è al buio!" – "In cucina non ci vado! C'è un mostro dietro la porta!"

Giochi dei mestieri 47
Il piccolo cuoco – Il piccolo chimico – Il piccolo barista – L'addetto alle pulizie – Il piccolo ortolano – Il piccolo telefonista

Giochi della buona educazione 51
Il semaforo della voce – Scusa... e poi ripara! –

Per favore e grazie! – Le mani servono per... – I piedi servono per... – Invito a cena per le bambole!

Giochi per far da soli 59
Laviamoci! – Pieghiamo!

Giochi di movimento 61
Da casa a... come il gattino – Record di salti – L'aeroplano – La galleria delle sedie – Ci riesci? – Il gioco degli animali – Alla scoperta dei giardinetti (o del cortile)

Giochi didattici 65
Riconosco i nomi di famiglia! – ... e riconosco anche i numeri! – Le sequenze logiche della storia

2 – Giocare per condividere (3-6 anni) 69

Giochi con le fiabe 71
Talk-show sulla favola – Disegna e indovina – Io mimo e tu mi dici chi è

Attività per riconoscere le emozioni 75
Il gioco dello specchio – Actor's Studio – Sorride perché è contento – Le imitazioni – Scegli

una figura e mettiti a fantasticare – Scopri la famiglia!

Il baule magico (3-6 anni) 82
Scatola n. 1 (3-5 anni). Il gioco dei serpentelli – Scatola n. 2 (4-6 anni). Chiodi, viti e bulloni – Scatola n. 3 (3-6 anni). Oggi mi vesto io

Giochi per imparare a stare insieme 88
I rumori attorno a noi – Mio, tuo, nostro – Dividere, dividere, dividere – Divertiamoci insieme... a turno! – Piccole grandi commissioni

Giochi per apprendere 94
Sequenze di perline o maccheroncini – Sequenze di lettere e numeri – Che cosa manca? – Uno, due, tre... dieci! – Conta i sassi – Famiglie di parole – Comincia con... – Cerca la parola! – Caccia alle parole con la... – Era una lenticchia... – Quadretti della natura – Piccole magie... d'acqua – Tutto cade verso il basso... o no? – Comunicare a distanza

Giochi creativi 108
Pasta da modellare con la farina – Fare i biscotti – E via con la pizza... o, per le mamme più brave, la pasta! – Collage gastronomici – La ma-

gia dei colori – Posso tagliare: che passione! – Dal mio vaso nasce una nespola! – Sonagli a vento

Attività di movimento 114
Al mattino – Pallacanestro senza danni – Quanti passi devo fare? – Un, due, tre... stella! – Sacco pieno... sacco vuoto!

3 – Giocare da Bravi Sportivi (6-10 anni) 121

Costruzioni delle regole 123
Il "nostro" gioco dell'oca – La tavola ben apparecchiata (o il letto ben fatto) – La redazione sportiva – L'intervista (per genitori)

Giochi dei piccoli artigiani 130
Il piccolo falegname – Il piccolo giardiniere – Il piccolo elettricista – Il piccolo tecnico – Il piccolo cuoco – Il piccolo vivandiere

Giochi di movimento 137
Ruba bandiera "geografico" – Calpesta la coda – La penna nella bottiglia – Caccia al tesoro – Datemi una bussola e girerò il mondo! – Nascondino (ma entro i confini) – La corsa a osta-

coli – Salto in alto – Grandi classici che non stancano mai

Giochi da Bravi Sportivi 144

Il Bravo Sportivo – Chi scatta per primo? (Regola 1 del Bravo Sportivo) – Entro il 5! (Regola 2 del Bravo Sportivo) – Il gioco dei complimenti (Regola 3 del Bravo Sportivo) – Sette colonne ma... con l'aiuto! (Regola 4 del Bravo Sportivo) – "Io parto dal basso, tu dall'alto" (Regola 5 del Bravo Sportivo) – Castello di famiglia (Regola 6 del Bravo Sportivo) – Non ti arrabbiare! (Regola 7 del Bravo Sportivo) – Cucù (Regola 8 del Bravo Sportivo)

Giochi didattici 155

C'è, ma non si vede! – Leggero come... l'olio! – Un tramonto... fatto in casa – Che ore sono? – Il sale... magico! – La tombola della matematica – Studiare con un gioco

Giochi manuali e di fantasia 160

Semplici sassi? No, attori! – Principesse e pirati! – Ombre oscure...

4 – Giocare per diventare grandi (10-15 anni) 163

Attività naturalistiche 167
Una gita per quattro stagioni – Ancora acqua... – Toccare il cielo con un dito – Pesci in acqua e... in padella! – Per un mondo più pulito

Collezioni 171
Collezione di monete e banconote pre-Euro – Erbario di famiglia – Ricerca storica fai-da-te – Orecchini, che passione! – Dalle macchinine alle macchine!

Giochi da tavolo "fatti in casa" 175
La corsa del Bravo Sportivo – Ligretto – Scacchi e dama di legno – La parola che uccide – Io vedo

Attività di economia domestica 182
Obiettivo gita! – Partita doppia – Regalo di Natale per la famiglia – Architetti d'interni – Passiamo tutto in rassegna! – Sfilata di moda – Tour operator o organizzatore di eventi – Il bel lavanderino (o la bella lavanderina)

Attività per comunicare 187
La lista delle preferenze – Gara di barzellette – Ridolini domestico – Mamma e papà adolescenti – Il gioco dello specchio (10-15 anni)

5 – Festa in famiglia (1-15 anni) 197

Compleanni 198
Ma dov'è il mio nipotino? – Torniamo bambini per un giorno! – Tiro alla fune – La corsa delle scarpe – La palla sotto il ponte – Gli animali senza tana – "Ciuf ciuf, parte il treno" – Coda d'asino – Chi sei? – Caccia al tesoro – Servizio fotografico della festa – Foto nella sagoma – La mia passione per un giorno – Scopriamo il mondo – Cartoncini simpatici di invito

Natale 208
Lo scaffale di Natale – Storie di Natale – Decorazioni per la casa – Biglietti... stesi – Biglietti d'auguri fai-da-te – Pigne, rametti di pino, mele e candeline! – Viva il primo germoglio! – Presepe o albero di Natale? – È Natale anche a prima colazione! – Magie di Natale – E dopo il pranzo...

Pasqua 220
Caccia all'uovo – Colori naturalissimi! – Piatti figurati – Fonduta alla frutta – Corsa con le uova – Pulcini! – Concerto di campane

Finito di stampare nel mese di giugno 2011
presso Grafica Veneta S.p.A. - Trebaseleghe (PD)

Printed in Italy